LÉON BLOY

Celle qui pleure

(Notre Dame de la Salette)

> ... Les petits enfants au-dessous de sept ans prendront un tremblement et mourront entre les mains des personnes qui les tiendront ; les autres feront pénitence par la faim.
> ... Les saisons seront changées........
> *Paroles de la Sainte Vierge.*

PARIS
SOCIÉTÉ DV MERCVRE DE FRANCE
XXVI, RVE DE CONDÉ, XXVI
—
MCMVIII

CELLE QUI PLEURE

8Lk⁷
36927

OUVRAGES DE LÉON BLOY

Le Révélateur du Globe *(Christophe Colomb et sa Béatification future).* Préface de J. Barbey d'Aurevilly.

Propos d'un Entrepreneur de Démolitions.

Le Pal, pamphlet hebdomadaire (les 4 numéros parus).

Le Désespéré, roman.

Un Brelan d'Excommuniés *(Barbey d'Aurevilly — Ernest Hello — Paul Verlaine.)*

Christophe Colomb devant les Taureaux.

La Chevalière de la Mort *(Marie-Antoinette).*

Le Salut par les Juifs.

Sueur de Sang (1870-1871), avec un portrait de l'auteur en 1893.

Léon Bloy devant les Cochons.

Histoires désobligeantes.

Ici on assassine les grands Hommes, avec un portrait et un autographe d'Ernest Hello.

La Femme Pauvre, épisode contemporain.

Le Mendiant Ingrat (Journal de Léon Bloy).

Le Fils de Louis XVI, avec un portrait de Louis XVII, en héliogravure.

Je M'accuse... Pages irrespectueuses pour Emile Zola et quelques autres. Curieux portrait de Léon Bloy, à 18 ans.

Exégèse des Lieux communs.

Les dernières Colonnes de l'Eglise. *(Coppée. — Le R. P. Judas. — Brunetière. — Huysmans. — Bourget, etc.)*

Mon Journal, suite du *Mendiant ingrat.*

Quatre ans de Captivité à Cochons-sur-Marne, suite du *Mendiant Ingrat* et de *Mon Journal.* Deux portraits de l'auteur.

Belluaires et Porchers. Autre portrait.

L'Epopée Byzantine et G. Schlumberger.

La Résurrection de Villiers de l'Isle-Adam.

Pages choisies (1884-1905). Encore un portrait.

Ceux des ouvrages de Léon Bloy qui ne sont pas encore épuisés peuvent être acquis à la librairie du *Mercure de France,* 26, rue de Condé, à Paris.

Celle qui pleure

LÉON BLOY

Celle qui pleure

(Notre Dame de la Salette)

> ... Les petits enfants au-dessous de sept ans prendront un tremblement et mourront entre les mains des personnes qui les tiendront ; les autres feront pénitence par la faim.
>
> ... Les saisons seront changées........
>
> *Paroles de la Sainte Vierge.*

PARIS
SOCIÉTÉ DV MERCVRE DE FRANCE
XXVI, RVE DE CONDÉ, XXVI

MCMVIII

Il a été tiré de cet ouvrage :
3 exemplaires sur Japon impérial
numérotés de 1 à 3,
et 17 exemplaires sur Hollande
numérotés de 4 à 20.

Droits de traduction et de reproduction réservés pour tous pays.

à PIERRE TERMIER,

INGÉNIEUR EN CHEF AU CORPS DES MINES,
PROFESSEUR A L'ECOLE DES MINES.

Il faut bien que ce livre vous soit dédié, mon cher ami, puisqu'il n'existerait pas sans vous. J'en avais abandonné le projet, il y a vingt-sept ans, et j'avais fini par n'y plus penser, le croyant impraticable.

Notre Dame de Compassion sanglotait toujours sur Sa Montagne et je ne L'entendais plus... Elle commanda que je fusse réveillé par vous.

Nous nous sommes rencontrés de façon si miraculeuse ! Depuis trente ans, vous attendiez quelqu'un qui vous parlât de la Salette. J'attendais qu'il me fût donné d'en parler convenablement.

Il arriva enfin qu'un jour — il n'y a pas bien longtemps — ayant lu, dans un de mes livres, quelques pages où je m'étais efforcé de glorifier Notre Dame de la Salette, il vous parut que je pouvais bien être l'écrivain que vous aviez espéré. Nous nous connûmes alors et votre impression, loin de changer, devint plus précise.

Encouragé par vous, voyant en vous un ambassadeur de Marie, qu'avais-je mieux à faire que d'obéir ? Il ne me fallait pas moins pour affronter les difficultés et les amertumes inhérentes à un tel sujet.

La Salette est encore, après soixante ans, la Fontaine de Contradiction dont il est parlé dans le Saint Livre, et ceux qui l'aiment sont appelés à souffrir.

Faites-le passer à tout Mon peuple, *avait dit aux Bergers la Mère de Dieu, leur ayant annoncé la* **Grande Nouvelle.**

Alors je vous dis : Faites passer mon livre aux pauvres. Vous m'entendez bien. Je parle de ce troupeau douloureux à qui personne ne pense et qui ne fait pitié à personne : les généreux qui ne connaissent pas la Vérité, les belles âmes vagabondes qui auraient besoin d'un asile de jour...

« Misereor super turbam », disait Jésus. Ayez pitié de cette troupe qui meurt de soif aux bords des fleuves du Paradis.

Nativité de Marie, 8 septembre 1907.

Léon BLOY.

DÉCLARATION DE L'AUTEUR

En ma qualité de catholique, je déclare me soumettre entièrement à la doctrine de l'Eglise, aux règles et décisions du Saint-Siège, notamment aux décrets des Souverains Pontifes Urbain VIII et Benoît XIV, concernant la canonisation des Saints.

S'il m'arrive, parlant des deux Bergers de la Salette, d'employer les mots « saint », « sainte » ou « sainteté », ce n'est que d'une manière purement relative, par insuffisance de langage, faute de termes qui rendent plus complètement ma pensée. D'avance, je désavoue le sens rigoureux et absolu qu'on voudrait attribuer à ces expressions ; car nul ne peut être nommé SAINT, tant que l'Eglise ne l'a pas qualifié ainsi officiellement.

Léon BLOY.

Taceat Mulier...!

—·¦·✻·¦·—

Je viens de subir un terrible sermon contre le Matérialisme ou Naturalisme opposé à la Révélation surnaturelle. Tous les lieux communs philosophiques de séminaire ont défilé devant le Saint Sacrement immobile. J'étais, hélas ! venu à l'église, comme « un mendiant plein de prières ». Ce gouffre de paroles vaines les a englouties et mon âme a glissé au mauvais sommeil que procure le bavardage. En présence de l'Ennemi, voilà donc ce que trouvent, aujourd'hui, les prédicateurs élevés depuis si longtemps et cultivés avec tant de soin dans le mépris des avertissements de la Salette — à la veille des échéances effroyables !

Quelle déformation systématique ou quel manque de foi ne doit-on pas supposer, pour que des ministres tels et en si grand nombre en soient venus à ne plus savoir que le fonds de l'homme c'est la Foi et l'Obéissance, et que, par conséquent, il lui faut des Apôtres et non des conférenciers, des Témoins et non des démonstrateurs. Ce n'est plus le temps de prouver que Dieu existe. L'heure sonne de donner sa vie pour Jésus-Christ.

Or, tout le monde la lui refuse avec énergie. N'importe qui, mais pas Celui-là ! Un démon plutôt ! Il est vrai que les chrétiens ont cessé de croire aux démons. Essayez — avec l'autorité de l'Evangile — de faire comprendre, par exemple, que la richesse est une malédiction, qu'il est impossible de servir Dieu et le monde, que les fêtes ou *bazars* prétendus *de charité* invoquent l'incendie et que les belles dévotes qui vont y chercher un dernier supplice vraiment infernal sont des servantes du diable, fort attentives et récompensées comme il faut ! Ce ne sera pas trop du changement infini opéré par ce qu'on est convenu de nommer inexactement la mort, pour découvrir soudain, en poussant une clameur à percer le sein de l'Eternité, à quel point les plus fidèles d'entre nous auront été des gens sans foi.

« Quand la France boueuse de la tête aux pieds, disait Mélanie, aura été purifiée par les fléaux de la Justice divine, Dieu lui donnera un *homme*, mais un *homme libre* pour la gouverner. Elle sera alors assouplie, presque anéantie ».

Il faudrait être avantagé d'une stupidité rare pour chercher cet homme parmi les bestiaux de pèlerinages ou de congrès catholiques. Ah ! je m'en souviens de ces cohues, au lendemain de la guerre, en 73 exactement.

Les derrières cuisaient encore de la botte allemande. On ne parlait que de retourner à Dieu. On s'empilait dans des cercles catholiques pour entendre la bonne parole de Mgr Mermillod, racontant ce qu'il avait souffert pour Jésus-Christ ou les bafouillages œcuméniques de M. de Mun. On se cramponnait éperdument au comte de Chambord supposé le grand Monarque annoncé par des prophéties et dont la bedaine *illégitime* devait tout sauver. On se précipitait aux pélerinages en chantant des couplets libérateurs. On votait l'érection d'un sanctuaire au Sacré-Cœur sur les murailles duquel se liraient ces mots secourables : *Gallia pœnitens et devota,* et chacun apportait sa pierre, car c'était le Vœu national, étrangement oublié depuis. Quoi encore ? Les Pères Augustins de l'Assomption fondaient le *Pèlerin* prospère et la profitable *Croix*, pour l'avilissement irrémédiable de la pensée et du sentiment chrétiens. Un peu plus tard, enfin, se bâtissait, sur le solide fumier des cœurs, une banque fameuse devant absorber le crédit universel et confondre pour toujours la concurrente perfidie des fils d'Israël. Cette levée en masse des bas de laine catholiques fut nommée prodigieusement une *Croisade* et eut pour dénouement un immense *Krach* demeuré célèbre.

L'obéissance à la Mère de Dieu, venue tout exprès, il y a soixante ans aujourd'hui, pour notifier sa volonté, fut le seul expédient dont nul ne s'avisa.

Pourtant, on aurait pu croire que c'était bien simple. La Souveraine des univers se *dérangeait*, si j'ose dire, comme se dérangerait la Voie lactée, si cette créature incalculable, épouvantée de la méchanceté des hommes, s'agenouillait dans le bleu sombre du firmament. Elle se dérangeait pour nous apporter en pleurant (1) la « grande nouvelle » de l'énormité de notre danger. Parlant comme la Trinité seule peut parler, cette Ambassadrice déclarait l'imminence des châtiments et des cataclysmes et disait ce qu'il fallait faire pour ne pas périr, car les menaces proférées par Elle étaient des menaces *conditionnelles*, dès les premiers mots : **SI mon peuple ne veut pas se soumettre, je suis FORCÉE de laisser aller le Bras de mon Fils** (2).

Je le répète, quoi de plus simple que de s'humilier et d'obéir ? On a fait exactement le contraire. Marie avait demandé le Septième Jour et le respect du Nom de son Fils. Elle voulait que les lois de l'Eglise fussent observées et que, pendant le Carême, ses enfants n'allassent pas à la boucherie **« comme des chiens »**. Elle avait confié à chacun des deux bergers, à Mélanie surtout, un secret de vie et de mort, exprimant sa volonté formelle — ratifiée depuis par Pie IX et Léon XIII — qu'on le fît passer à tout son peuple, à partir d'une époque déterminée. Enfin elle avait donné, *en français*, la Règle d'un nouvel Ordre religieux : « les Apôtres des Derniers Temps »... **les vrais disciples du Dieu vivant et régnant**

---

(1) *En pleurant !* Les Anges ne pleurent pas, mais la Reine des Anges pleure, et c'est pour cela qu'Elle est leur Reine.

(2) « Le peuple ne veut pas se soumettre et la Cité du Très-Haut est *forcée !* » Représentez-vous les Anges et les Saints poussant cette clameur d'alarme dans le ciel !

dans les cieux ; les vrais imitateurs du Christ fait homme ; mes enfants, mes vrais dévots ; ceux qui se sont donnés à moi pour que je les conduise à mon divin Fils ; ceux que je porte, pour ainsi dire, dans mes bras, ceux qui ont vécu de mon esprit ; les Apôtres des Derniers Temps, les fidèles disciples de Jésus-Christ qui ont vécu dans le mépris du monde et d'eux-mêmes, dans la pauvreté et dans l'humilité, dans le silence, dans l'oraison et la mortification, dans la chasteté et dans l'union avec Dieu, dans la souffrance et inconnus du monde. Il est temps qu'ils sortent et viennent éclairer la terre... Car voici le temps des temps, la fin des fins.

Soixante ans se sont écoulés. On est devenu plus profanateur, plus blasphémateur, plus désobéissant, plus « chien » (1). Mais ne semble-t-il pas que cet insuccès incompréhensible, ce fiasco monstrueux, et tout de même adorable, de l'Impératrice du Paradis, n'a l'air de rien quand on pense à la Dérision irrémissible qui a remplacé l'Obéissance.

On travailla le dimanche de plus en plus et, surtout, on fit travailler les pauvres. Le Blasphème devint une toge virile, même pour les femmes, un signe de force et d'indépendance, comme le tabac ou l'alcool. On ambitionna d'être *chien*, fils de chien et même neveu de pourceau, à toutes les époques de l'année, indistinctement, et cette ambition fut com-

---

(1) *Chien.* Je rappelle que telle est l'expression dont il a plu à la Mère de Dieu de se servir.

blée. Les paroles de Marie qu'Elle voulait qu'on fît passer à tout Son peuple, aussi bien au Thibet ou à la Terre de Feu que dans l'Isère, n'allèrent pas sensiblement plus loin que le pied de la Montagne. Pour ce qui est des Apôtres des Derniers Temps, on les remplaça par d'ecclésiastiques marchands de soupe que les pèlerins purent apprécier.

Ces prétendus missionnaires furent la dérision inexpiable dont il vient d'être parlé. La Désobéissance absolue est un état incompréhensible aussi longtemps que l'idée de *dérision* ne se présente pas à l'esprit. La Chute initiale a dû être déterminée, non par la désobéissance formelle, mais par une *obéissance dérisoire* dont nous ne pouvons avoir aucune idée et, parce que l'abîme invoque l'abîme, le châtiment fut — en apparence, du moins — la Dérision infinie, la Subsannation biblique : « Voici Adam, semblable à nous... »

Les soi-disant missionnaires de la Salette, innocents peut-être, à force de balourdise et de bassesse de cœur, — mais de quelle affreuse innocence ! — furent, je le répète, un institut dérisoire opposé par l'autorité diocésaine au Commandement formel qu'il s'agissait d'éluder. La Sainte Vierge avait demandé des Apôtres. On lui donna des aubergistes (1). Elle avait voulu de vrais disciples de Jésus-Christ, méprisant le monde et eux-mêmes. On installa des prêtres

---

(1) Sur cette question de l'auberge et des aubergistes, voir le chapitre XXV du présent ouvrage.

d'affaires, de pieux comptables chargés de *faire valoir*. Pour ce qui était de la recommandation de « sortir et d'éclairer la terre » on y pourvut par la réclame et le rabattage des pèlerins...

Après le balayage de ces mercenaires en 1902, les chapelains mis en leur place continuèrent simplement la table d'hôte et la literie (1). Ils continuèrent aussi le quotidien et stéréotype récit du Miracle, assorti d'une exhortation *sulpicienne* à la pratique de quelques vertus raisonnables, sans omettre l'avis fréquent de se méfier de certaines publications exagérées ou mensongères, telles que le témoignage écrit des deux bergers qui furent les assistants, les auditeurs, les vrais missionnaires choisis par la Sainte Vierge elle-même pour propager ses avertissements et ses menaces et qui, jusqu'à leur dernier jour, n'ont cessé, Mélanie surtout, de protester contre la prévarication sacerdotale et le mercantilisme odieux qui se pratiquaient sur la Montagne.

Le crime de tous ces gens-là, crime énorme, réellement épouvantable, c'est d'avoir baillonné la Reine du Ciel, de lui avoir *plombé* les lèvres, comme quelqu'un l'écrivait naguère, avec une effrayante énergie.

Il est difficile, je ne dis pas d'imaginer, mais de concevoir une supplication aussi lamentable :

— Depuis le temps que je souffre pour vous autres ; depuis dix-neuf siècles que je promène,

---

(1) Voir chapitre XXV.

parmi les montagnes, les Sept Douleurs dont je suis Bergère, les sept brebis de l'Esprit-Saint qui doivent, un jour, brouter le monde ; **si je veux que mon Fils ne vous abandonne pas, je suis chargée de le prier sans cesse.** Que puis-je faire pour vous que je n'aie pas fait ? Je suis l'Egypte et la Mer Rouge ; je suis le Désert et la Manne ; je suis la Vigne très-belle, mais je suis, en même temps, la Soif divine et la Lance qui perce le Cœur du Sauveur. Je suis la Flagellation infiniment douloureuse, je suis la Couronne d'Epines et les Clous et surtout la Croix très-dure où s'engendre la joie des hommes. Les deux Bras de mon Fils y furent attachés, mais il n'en faut qu'un pour vous écraser et celui-là je ne peux plus le retenir, tant il est pesant !... Ah ! mes enfants, si vous vous convertissiez !...

Des hommes alors se sont levés qui avaient la mître en tête et qui tenaient en leurs mains le bâton des pasteurs du troupeau du Christ. Et ces hommes ont dit à Notre Dame :

— En voilà assez, n'est-ce pas ? *Taceat Mulier in Ecclesia !* Nous sommes les Evêques, les Docteurs, et nous n'avons besoin de personne, pas même des Personnes qui sont en Dieu. Nous sommes, d'ailleurs, les amis de César et nous ne voulons pas de tumulte parmi le peuple. Vos menaces ne nous troublent pas le moins du monde et vos petits bergers n'obtiendront de nous, même dans leur vieillesse, que le mépris, la calomnie, la dérision, la persécution, la misère, l'exil et finalement l'oubli !...

L'espérance du présent ouvrage est de réparer en quelque manière, et s'il en est temps encore, la sacrilège perfidie de ces Caïphes et de ces Judas qui détruisent, depuis soixante ans, le plus beau royaume du monde.

Paris-Montmartre, février 1907.

I

Histoire de ce livre entrepris en 1879

J'ai fait le pèlerinage de la Salette autrefois, il n'y a pas loin de trente ans, lorsque le chemin de fer de Grenoble à la Mure n'existait pas. Une diligence homicide attelée de douze chevaux, dans certaines montées, cassait les reins des voyageurs, de l'aurore au crépuscule, dans les plus longs jours. On râlait dix heures avant d'être abandonné aux muletiers.

C'était fort bien ainsi, d'ailleurs. Cela dégoûtait plusieurs touristes et le paysage était affectueux et consolant pour le pèlerin. En certains endroits on descendait pour soulager les bêtes, et c'était une douceur exquise d'aller lentement sous les grands arbres, au bruit des courantes eaux qui fuyaient vers les abîmes. Je me souviens pour toujours de ces quelques centaines de pas, en compagnie d'un missionnaire qui avait, je crois, du génie et qui me disait, en mots extraordinaires, la majesté des Textes Saints. Il mourut, trois semaines plus tard, ayant demandé longtemps à la Mère de Dieu de finir à la Salette où on l'enterra. Il avait assez de la hideur de ce monde et de la pharisaïque piété contemporaine qui lui semblait une apostasie.

Je ne nommerai pas ce prêtre. Sa famille est trop peu digne de lui, mais je sais ce qu'il me donna, *dum loqueretur in via et aperiret mihi Scripturas.* Cher défunt ! je revis sa tombe, l'année suivante, une humble croix sur un humble tumulus de gazon ; puis, l'an dernier, vingt-six ans plus tard, mais abandonnée, sa dépouille ayant été transférée dans un caveau récemment construit à deux pas de là, où peut être lu son nom bien connu des Anges et de quelques amis de Dieu.

Ce missionnaire, plus orateur qu'écrivain, parcourait le monde, annonçant la Gloire de la Mère de Jésus-Christ, et c'est toujours à la Salette qu'il revenait puiser, au pieds de Celle qui pleure, les inspirations de son zèle apostolique.

Le Discours, infiniment extraordinaire, qu'entendirent les enfants sur cette Montagne, était devenu le centre de ses pensées, et l'intelligence qu'il en avait était comme un de ces dons inexprimables que le Vénérable Grignion de Montfort attribuait prophétiquement aux Apôtres des Derniers Temps.

On se ferait un renom d'exégète rien qu'avec les miettes du festin de chaque jour offert à ses auditeurs par ce très-humble, quand il parlait de la Reine des Patriarches et des Martyrs. L'espèce de défaveur mystérieuse qui pèse sur la Salette dans la pensée d'un grand nombre de chrétiens faisait déborder son cœur. Le présent livre, entrepris et commencé sous ses yeux, à la Salette même, a été interrompu un quart de siècle, Dieu sait comment et pourquoi. Cette œuvre de justice était son désir suprême, son espérance.

Il mourut dès les premières pages, comme si la Consolatrice qu'il servait n'avait pas voulu que cette âme, vraiment sacerdotale et crucifiée, perdît, en une manière, l'auréole douloureuse qu'elle met au front de ces victimes de l'Amour dont il est parlé dans la Troisième Béatitude et qui ne doivent pas être consolées sur terre.

Cette œuvre, que je reprends aujourd'hui, me paraît encore plus difficile et redoutable qu'autrefois. La mort de celui qui me l'inspirait m'accabla d'un deuil que je croyais irréparable, et la vie la plus malheureuse qui puisse être imaginée m'en détourna ensuite indéfiniment.

Le moment n'était pas venu. Qu'aurais-je pu faire alors, sinon une paraphrase exégétique et littéraire du Discours, tout au plus ? Trop de choses m'étaient inconnues. J'ignorais même le Secret de Mélanie, publié seulement en novembre 1879, et si impénétrablement obnubilé par l'épouvante sacerdotale qu'aujourd'hui encore presque tous les catholiques l'ignorent ou le préjugent.

Puis ne fallait-il pas que se déroulassent les turpitudes et congénitales ignominies de la République française, qui sont maintenant à un tel point qu'on se demande ce que fait la mort ? Tous les démons ne s'étaient-ils pas levés déjà comme un seul démon pour réclamer l'épanouissement complet de la puante fleur démocratique, si laborieusement acclimatée par eux dans le Royaume qui fut le lieu de naissance de l'Autorité chrétienne ? Enfin et surtout la Justice du *Bras pesant* ne devait-elle pas attendre que l'Ambassadrice en pleurs, *soixante* fois outragée, dît à son Fils : — Je ne connais plus ce peuple, il est devenu trop épouvantable ?

Après si long temps, mon nom étant devenu quasi célèbre, quelques amoureux ont cru que je pourrais bien être désigné pour écrire sur la Salette le livre dont certaines âmes ont besoin, un livre pieux qui ne serait pas hostile à la magnificence divine, un livre qui dirait, à l'expiration de soixante années, quelques plausibles mots sur cet Evènement inouï, absolument incompris et même *ignoré* des prétendus missionnaires ou prêtres séculiers qui se sont succédés sur la Montagne.

« Faites-le passer à tout mon peuple », a dit, par deux fois, la Toute-Ineffable. Voilà ce qui désolait mon initiateur. — Qui donc y pense ? me disait-il, et que pourrait-on faire passer à tout le peuple, c'est-à-dire à tous les hommes ? Les gens d'ici savent-ils seulement ce qui s'est accompli en ce lieu, et le plus fort est-il capable de comprendre un mot, rien qu'un mot de ce Discours qui paraît être le *Verbum novissimum* de l'Esprit-Saint ?

Hélas ! l'explication, irrémédiablement perdue, qu'aurait pu donner cet homme, sera, désormais, ce qu'elle pourra : une angoissante vision des temps actuels à propos des promesses et des menaces également dédaignées de la Mère du Fils de Dieu — vision de terreur énormément aggravée par la certitude acquise et tout à fait incontestable de certains évènements préliminaires. Qu'importe, après tout, si mon œuvre ainsi mutilée, contient encore assez de cette parole engloutie pour attirer à la Salette quelques-unes de ces magnifiques âmes capables d'en pressentir la beauté, même à travers les obscurités ou les défaillances d'une insuffisante prédication ?

J'aurais voulu pouvoir leur dire, comme Bossuet parlant devant la perruque du roi de France : « Ecoutez, croyez, profitez, je vous romps le pain de vie » ; mais une manière de parler si haute n'éloignerait-elle pas, au contraire, de la façon la plus sûre, un grand nombre de cœurs déjà subjugués, à leur insu, par le Prince fastueux à la Tête écrasée qui ne cesse de promettre à ses esclaves l'empire souverain dont il est lui-même dépossédé ?... Quel triomphe d'arriver seulement à faire entrevoir la Splendeur aux contemporains des automobiles !

Le prêtre de Jérusalem, le missionnaire dont je viens de parler, se nommait Louis-Marie-René, et c'est déjà beaucoup plus que je n'aurais voulu dire. Que tel soit donc le patronage de ce livre qui sera surtout un livre de douleur. La Salette est, par excellence, le Lieu des larmes très-douloureuses.

On se rappelle que lorsque l'Apparue cessa de parler aux enfants, il y eut un drame extraordinaire. La resplendissante Dame dont les Pieds, au témoignage de ses puérils auditeurs, ne touchaient pas le sol, effleurant seulement « la cime de l'herbe », s'éloigne d'eux avec lenteur par une sorte de glissement et, après avoir franchi le ruisselet qui la sépare de l'escarpement du plateau, Elle commence à décrire cet étonnant Itinéraire *serpentin,* marqué aujourd'hui par ces Quatorze Croix de la Voie peineuse qui, dans la translucide méditation des sanglants Mystères, semblent se superposer...

Ce chemin de croix unique, avait été décrété comme toutes choses, antérieurement à la création des espaces. Il entrait dans l'intégrité du Plan divin que les agenouillements des derniers habitants chrétiens de la terre fussent déterminés, avec cette précision, dans ce lieu sauvage, par le sillon des Pieds de lumière. Il n'est pas indifférent de se prosterner là ou ailleurs. Les âmes religieuses qui viennent pleurer à la Salette, font une chose qui retentit harmonieusement dans toute la série des Décrets divins touchant la Rédemption de l'humanité. Leurs larmes tombent sur ce sol privilégié, comme une semence de beaucoup d'autres larmes qui finiront, si Dieu veut, par y couler, un jour, comme des ondes. « L'abîme des Larmes de Marie invoque l'abîme de nos larmes par la Voix de ses cataractes ». Elle nous provoque à cette effusion comme son Fils, du haut de la Croix, la provoquait amoureusement Elle-même à l'effusion totale de son incomparable Cœur brisé,

II

Le Torrent sublime

Je reviens à mon voyage. Donc plus de diligence cruelle roulant tout un jour. La moitié seulement de l'ancienne fatigue et l'autre moitié semblable à un rêve. Oh! ce chemin de fer au bord du gouffre, durant une heure! Quelle ivresse d'aller ainsi au-devant de Napoléon marchant de Sisteron sur Grenoble, par Corps et la Mure! Corps surtout, l'archiprêtré de la Salette!

Le hasard n'existant pas, on peut imaginer avec stupeur « l'aigle » de ce conquérant « volant vers Paris de clocher en clocher », mais descendant de celui de Corps pour crier, trente-et-un ans avant Notre Dame : « Mes enfants, n'ayez pas peur, je suis ici pour vous annoncer une grande nouvelle ! » puis : « Vous le ferez passer à tout mon peuple. » Comment faire pour n'y pas penser?

Le grand homme et ses compagnons fidèles parurent être toute la France pendant vingt jours, tout le possible de la France, tout l'éventuel humain et divin de cette angélique patrie, de cette Fille aînée du Fils de Dieu et de son Eglise, de cette habitante de la Plaie de son Cœur, qui ne pourrait tomber plus bas qu'en devenant la Madeleine des nations !

Le pauvre César évadé, mendiant incorrigible de la Domination universelle, enveloppait sans le savoir, à la manière des Prototypes, le futur indévoilé des campagnes ou des villages qui ne pouvaient avoir d'existence historique sinon par la volonté d'un tel passant. Je l'ai cherché çà et là, et j'avoue que son souvenir était plus pour moi que les éternelles montagnes. Les a-t-il vues seulement ? A-t-il vu le Drac, le formidable torrent, gloire du Dauphiné ? J'en doute. Un torrent n'a que faire de regarder les autres torrents, et la montagne elle-même, pour lui, n'est qu'un obstacle dont il mugit dans sa profondeur.

Pèlerin de la Salette et rien que cela, en attendant l'honneur de m'agenouiller sur le Saint Tombeau, je l'ai regardé et vu de près, ce furieux torrent, avec une admiration qui me suffoquait. Combien de siècles a-t-il fallu à cette eau pour se creuser un si vaste lit dans cette solitude grandiose ? Pendant d'innombrables ans, elle a dû ronger des rocs et creuser des gouffres en écumant. Tandis que les générations naissaient et mouraient, à mesure que se déroulait l'Histoire, sous les Allobroges et les Romains, sous les Burgundes, les Francs ou les Sarrasins, sous les seigneurs d'Albon et les premiers Valois, pendant les atroces guerres de religion, pendant la Révolution, pendant l'étonnant Empire et jusqu'à nos jours où la Désirée devait apparaître — infatigablement cette eau toujours jeune émiettait les dures assises, les criblant de l'artillerie de ses galets, sapant à leur base les colossales colonnes, formant l'abîme continu qui partage en deux cette haute province dauphinoise, apanage ancien des aînés de France : le Grésivaudan, le Royannès, les Baronnies, le Gapençois, l'Embrunois, le Briançonnais, de la Durance à l'Isère, troupeau monstrueux de croupes vertes ou de pitons chauves dont Dieu seul connaît tous les noms !

Le train pour la Mure venant de Grenoble roule, durant je ne sais combien de kilomètres, le long de cette fente énorme procurée par le Drac au-dessus duquel on a l'illusion d'être suspendu. Clameur d'en bas qui ne s'interrompt jamais et qui peut devenir tout à coup immense au temps des pluies ou de la fonte des neiges.

Un romancier morose et stérilisé voulut, il y a quelques années, se venger de la basse peur que lui avait donnée ce cri de l'abîme. Bêtement et vilainement il s'efforça de le déconsidérer par ses adjectifs et ses méchantes métaphores, comparant cette eau sublime à « une rivière débile, maléficiée, pourrie... » Ce pauvre homme qui a dû plaire beaucoup aux ennemis de la Salette, blâme naturellement les montagnes et se montre fort éloigné d'approuver les circonstances ou les détails de l'Apparition, qui aurait eu lieu en plaine, dans le voisinage d'une gare et beaucoup plus simplement, si on avait consulté son goût. *In die judicii, libera nos, Domine.*

J'espère que ma pantelante admiration pour ce magnifique spectacle me sera comptée. Pourquoi voudrait-on que Dieu ne fût pas un artiste comme les autres, jaloux de son œuvre et désirant qu'on l'admire ? Ne parle-t-il pas, à chaque instant, de ses « saintes montagnes » qu'il a « préparées dans sa force » et dont « les altitudes sont siennes » ? *Ego sum Dominus faciens omnia et nullus mecum.* Il ne s'agit pas des montagnes des autres, mais des siennes et il exige qu'on l'adore pour les avoir faites.

Existe-t-il un pèlerinage aussi merveilleusement acheminé par l'admiration préalable du voyageur ? Je ne le pense pas. Autrefois, ce n'était pas ainsi. La route suivie par les diligences ne côtoyait pas l'abîme. Il a fallu cette voie de fer unique, chef-d'œuvre des hommes, pour que nous fût révélé ce chef-d'œuvre de Dieu connu seulement alors de quelques paysans. Je l'ai revu, au retour, éclairé, cette fois, par la pleine lune, criblant de ses rayons d'argent le paysage immense et je croyais être en Paradis.

III

En Paradis

En Paradis ! Avant d'aller plus loin, ne conviendrait-il pas d'explorer en quelque manière, autant qu'il se peut, cette « région de paix et de lumière », ce « siège — cette capitale — du rafraîchissement et de la consolation béatifique », ce paradis terrestre dans les cieux ?

Ici l'indigence des mots humains est à faire pleurer. Tout ce qui n'est pas corps, espace ou durée est inexprimable à ce point que le Verbe de Dieu lui-même, Notre Seigneur Jésus-Christ, n'a jamais parlé qu'en paraboles et similitudes (1). C'est la destinée de l'homme de ne pouvoir arracher son cœur du célèbre Lieu de Volupté d'où il fut ignominieusement expulsé au commencement des temps. Il a besoin que

---

(1) Témoignage de l'Evangéliste saint Matthieu : chap. XIII, v. 34.

le Paradis soit un *lieu*, un lieu très-haut ou très-bas et nous sommes forcés, dans le premier cas, de dire que la Sainte-Vierge en est descendue pour pleurer à la Salette. Mélanie a raconté le paradis enfantin qu'elle construisit, le 19 septembre, avec Maximin, un peu avant l'Apparition : Une large pierre qu'ils couvrirent de fleurs. C'est sur ce paradis que la Belle Dame vint s'asseoir. La Reine du Paradis d'Hénoch et du Bon Larron, lequel est cet incompréhensible Sein d'Abraham où fut ravi, pour y entendre les irrévélables Arcanes, le Docteur immense des nations ; — cette Reine est attirée par l'extrême puérilité de ce paradis des petits bergers. « Elle a regardé dans le monde entier, disait Mélanie, et n'a pas trouvé plus bas. Elle a bien été forcée de me choisir ».

Le Paradis est tellement et de tant de manières au seuil du Miracle de la Salette, qu'il est aussi impossible de n'en pas parler que d'en dire un valable mot. Ce paradis, sans doute, c'est la Belle Dame elle-même, mais cela, c'est trop facile. Autant proclamer l'identité de Dieu avec l'un ou l'autre de ses attributs. Le fond du Paradis ou de l'idée de Paradis, c'est l'union à Dieu dès la vie présente, c'est-à-dire la Détresse infinie du cœur de l'homme, et l'union à Dieu dans la Vie future, c'est-à-dire la Béatitude. Le mode en est infiniment inconnu et indevinable, mais on peut, jusqu'à un certain point, contenter l'esprit par l'hypothèse fort plausible d'une *ascension éternelle*, ascension sans fin dans la Foi, dans l'Espérance, dans l'Amour.

Contradiction ineffable ! On croira de plus en plus, sachant qu'on ne comprendra jamais ; on espèrera de plus en plus, assuré de ne jamais atteindre ; on aimera de plus en plus ce qui ne peut jamais être possédé.

Il est bien entendu que je m'exprime comme un impuissant. *Secundum hominem dico.* L'union à Dieu est certainement réalisée par les Saints, dès la vie présente, et parfaitement consommée, aussitôt après leur naissance à l'autre Vie, mais cela ne leur suffit pas et cela ne suffit pas à Dieu. L'union la plus intime n'est pas assez, il faut l'*identification* qui ne sera elle-même jamais assez, en sorte que la Béatitude ne peut-être conçue ou imaginée que comme une ascension toujours plus vive, plus impétueuse, plus foudroyante, non pas vers Dieu, mais en Dieu, en l'Essence même de l'Incirconscrit. Ouragan théologal sans fin ni trêve que l'Eglise, parlant à des hommes, est forcée de nommer *Requies æterna !*

La foule déchaînée des Saints est comparable à une immense armée de tempêtes, se ruant à Dieu avec une véhémence capable de déraciner les nébuleuses, et cela pendant toute l'éternité... Les rêveries astronomiques peuvent-elles, ici, être utilisées ? L'inconcevable énormité des chiffres chargés de signifier les effrayantes hyperboles de la Distance ou de la Vitesse aideraient tout au plus à entrevoir l'impossibilité de comprendre « ce que Dieu a préparé à ceux qui l'aiment ». On pourrait même dire, puisqu'il s'agit de l'Infini et de l'Eternel, qu'il doit y avoir une accélération continuelle de chaque torrent analogue à l'étourdissante multiplication de la *pesanteur* des corps tombants. Idée plausible et bien simple à présenter aux théoriciens de l'immobilité béatifique. Une Mystique paralysée qu'encourage une imagerie fort abjecte localise les Saints dans l'attitude hiératique promulguée par les Instituts, sous l'auréole immuable que ne déplacera jamais aucun souffle et parmi l'or ou l'argent des ustensiles de piété que ne rongera la rouille ni les vers. Car telle est l'idée que peuvent se former du Paradis et de la Félicité des Saints, des catholiques engendrés, le siècle dernier, par les acéphales échappés à la guillotine.

Mais combien vaines, lamentablement infirmes sont les analogies littéraires ou conjectures métaphysiques d'un pauvre écrivain penché sur l'Insondable et n'obtenant pas même l'énergie d'intuition qu'il faudrait pour discerner, un instant, au risque de mourir d'effroi, le vertigineux abîme de l'Inintelligence contemporaine !

Requiem æternam dona eis, Domine, c'est-à-dire : Donnez à ces âmes, Seigneur, d'entrer dans la bataille infinie où chacune d'elles, comme une cataracte retournée, vous assiégera éternellement.

Une chère âme pieuse demandait ceci : — Dans cette ascension universelle, que deviendront les médiocres, les pauvres hommes qui, n'ayant rien fait pour Dieu en ce monde, auront été, néanmoins, sauvés par l'effet d'une rencontre ineffable de la Justice et de la Gloire ? Que deviendront-ils, ceux qui, ayant aimé les belles choses de la terre, **la Poésie**, l'Art, la Guerre, la Volupté même, se trouveront tout à coup face à face avec l'Absolu, n'ayant rien préparé pour leur passage, mais sauvés quand même, les mains vides ? Il leur faudra donc, sous peine d'inanition éternelle, réaliser aussitôt et *absolument* tout ce qui leur manque, et la Sagesse y a pourvu. La Beauté, devenue un vautour, emportera sans fin, pour les dévorer toujours, ceux qui l'auront vraiment aimée sous une apparence quelconque.

Assurément il en sera ainsi et plus d'un poète s'étonnera d'avoir été, à son insu, tellement l'ami de Dieu ! Mais faudra-t-il, à cause des Commandements inobservés, qu'il soit confondu avec les médiocres ? Cette punition serait énorme et la pensée en est monstrueuse. La vérité, infiniment probable, c'est que les uns et les autres prendront d'eux-mêmes l'étage qui leur convient, avec un discernement admirable.

Et alors, ce sera un firmament de splendeurs différenciées, inimaginables. Les Saints monteront vers Dieu comme la foudre, en la supposant multipliée par elle-même, à chaque seconde, pendant les siècles des siècles, leur charité grandissant toujours, en même temps que leur éclat, Astres indicibles que suivront d'énormément loin ceux qui n'auront connu que la Face de Jésus-Christ et qui auront ignoré son Cœur. Pour ce qui est des autres, des pauvres chrétiens dits *pratiquants,* observateurs de la Lettre facile, mais non pervers et capables d'une certaine générosité, ils suivront à leur tour, n'étant pas perdus, à des milliards de chevauchées d'éclairs, ayant préalablement payé leurs places d'un inexprimable prix, joyeux tout de même — infiniment plus que ne pourraient dire les plus rares lexiques du bonheur — et joyeux précisément de la gloire incomparable de leurs aînés, joyeux dans la profondeur et dans l'étendue, joyeux comme le Seigneur quand il acheva de créer le monde !

Et tous, je l'ai dit, monteront ensemble comme une tempête sans accalmie, la tempête bienheureuse de l'interminable fin des fins, une assomption de cataractes d'amour, et tel sera le Jardin de Volupté, l'indéfinissable Paradis nommé dans les Ecritures.

J'ai rappelé le paradis de Mélanie et de Maximin. Voilà le mien, tel quel. Puisse-t-il, comme le leur, faire descendre chez moi la Vierge Marie !

IV

Louis-Philippe, le 19 Septembre 1846

Il est environ deux heures et demie. Le Roi, la Reine, leurs Altesses Royales, Mme la Princesse Adélaïde, Mgr le Duc et Mme la Duchesse de Nemours, le Prince Philippe de Wurtemberg et le Comte d'Eu, accompagnés de M. le Ministre de l'Instruction publique, de MM. les généraux de Chabannes, de Lagrange, de Ressigny, de M. le Colonel Dumas et de plusieurs officiers d'ordonnance, sortent pour faire une promenade dans le parc. Après la promenade, Leurs Majestés et Leurs Altesses rentrent au château vers cinq heures pour dîner, en attendant les *illuminations* du soir. »

C'est ainsi qu'un correspondant plein de diligence, dans une dépêche datée de la Ferté-Vidame, annonce au *Moniteur universel* l'évènement le plus considérable de la journée du 19 septembre 1846 (1).

Je suis, par bonheur, en état de rappeler cet évènement à l'univers qui paraît l'avoir oublié. A la distance de plus de soixante ans, il n'est pas sans intérêt de contempler, par l'imagination ou la mémoire, cette promenade du roi de Juillet accompagné de son engeance dans un honnête parc, en vue de prendre de l'appétit pour le dîner et de se préparer, par le naïf spectacle de la nature, aux magnificences municipales de l'illumination du soir.

Ce divertissement historique mis en regard de l'autre Promenade Royale qui s'accomplissait au même instant sur la montagne de la Salette, est, je crois, de nature à saisir fortement la pensée. Le contraste vraiment biblique d'un tel rapprochement n'est pas pour augmenter le prestige déjà médiocre de cette monarchie sans gloire, née dans le bourbier libéral de 1830 et prédestinée à s'éteindre sans honneur dans le cloaque économique de 1848. Il serait curieux de savoir ce qui se passait dans l'âme du Roi Citoyen au moment même où la Souveraine des Cieux, tout en pleurs, se manifestait à deux enfants sur un point inconnu de cette belle France polluée et mourante sous l'abjecte domination de ce thaumaturge d'avilissement.

Il allait sous les platanes ou les marronniers, rêvant ou parlant des grandes choses d'un règne de seize ans et des résultats magnifiques d'une administration exempte de ce fanatisme d'honneur qui para-

---

(1) *Moniteur* du 21 septembre 1846.

lysait, autrefois, l'essor généreux du libéralisme révolutionnaire. Tout venait à souhait, au dehors comme à l'intérieur. Par un amendement resté célèbre dans les fastes parlementaires, le comte de Morny prétendait que les grands Corps de l'Etat étaient satisfaits. Dieu et le Pape étaient convenablement outragés, l'infâme jésuitisme allait enfin rendre le dernier soupir et le pays légal n'avait pas d'autres vœux à former que de voir s'éterniser, dans une aussi bienfaisante dynastie, les félicités inespérées de cet adorable gouvernement. On allait enfin épouser l'Espagne, on allait devenir immense. A l'exemple de Charles-Quint et de Napoléon, le patriarche de l'Orléanisme pouvait aspirer à la domination universelle. La ventrée de la lice avait, d'ailleurs, suffisamment grandi et Leurs Altesses caracolaient assez noblement autour de Sa Majesté dans la brise automnale de cette sereine journée de septembre. Le roi des Français pouvait dire comme le prophète de la terre de Hus : « Je mourrai dans le lit que je me suis fait et je multiplierai mes jours comme le palmier ; je suis comme un arbre dont la racine s'étend le long des eaux et la rosée descendra sur mes branches. Ma gloire se renouvelera de jour en jour et mon arc se fortifiera dans ma main. » (1)

A deux cents lieues, la Mère de Dieu pleure amèrement sur son peuple. Si Leurs Majestés et Leurs Altesses pouvaient, un instant, consentir à prendre l'attitude qui leur convient, c'est-à-dire à se vautrer sur le sol et qu'ils approchassent de la terre leurs

---

(1) Job, XXIX, 18, 19 et 20.

oreilles jusqu'à ce jour inattentives, peut-être que cette créature humble et fidèle leur transmettrait quelque étrange bruit lointain de menaces et de sanglots qui les ferait pâlir. Peut-être aussi que le dîner serait alors sans ivresse et l'illumination sans espérance...

Pendant que l'Orléanisme se congratule dans la vesprée, les deux pâtres choisis pour représenter toutes les majestés triomphantes ou déchues, vivantes ou défuntes, se sont approchés de leur Reine. C'est à ce moment que la Mère douloureuse élève la voix par dessus le murmure indistinct de l'hymne des Glaives (1) chanté autour d'Elle dans dix mille églises :

Si Mon peuple ne veut pas se soumettre, Je suis forcée de laisser aller le Bras de Mon Fils...

---

(1) Hymne *O quot undis lacrymarum,* fête de Notre-Dame des Sept-Douleurs.

V

Dessein de l'auteur. Miracle de l'indifférence universelle.

Le dessein de cet ouvrage, nettement indiqué dans l'introduction, n'est pas de faire le récit du Miracle de la Salette. Il a été fait si souvent que les chrétiens sont inexcusables de l'ignorer. Devenus grands, les deux bergers eux-mêmes l'ont écrit et publié, et leurs deux narrations, qui auraient dû être répandues partout, sont identiques en ce qui regarde les circonstances de l'Evènement et le texte du Discours public. Pour ce qui est des *Secrets*, Mélanie seule a divulgué le sien, mais en réservant pour le Souverain Pontife la Règle, *donnée par Marie,* d'un nouvel Ordre religieux, l'Ordre des « Apôtres des Derniers Temps », fondation clairement prophétisée au XVIIe siècle, par le Vénérable Grignion de Montfort.

N'écrivant pas pour la multitude, je m'adresse

CHAPITRE V

donc exclusivement à ceux qui savent le Fait de la Salette, assuré que les autres ne s'y intéresseraient pas. Je veux surtout montrer, aussi bien que je pourrai, le miracle qui a suivi et qui est peut-être plus grand que Celui de l'Apparition — le miracle, certainement plus incroyable, de l'indifférence universelle ou de l'hostilité d'un grand nombre.

Ces voix enfantines qui, descendues des Alpes, devaient grandir comme l'avalanche et remplir la Terre, tant qu'on a pu, on s'est employé à les étouffer. « Faites-le passer à mon peuple », avait dit la Souveraine. Les Juifs eux-mêmes s'étonneraient d'une désobéissance aussi complète. Les premiers Pasteurs ne sont pas montés dans leurs chaires pour annoncer à leurs diocésains la Grande Nouvelle, les Prêcheurs et Missionnaires de tout Institut ne se sont pas mobilisés avec enthousiasme pour faire connaître aux plus ignorants les menaces et les promesses de l'Omnipotente. Plusieurs ont fait le contraire avec une malice infernale. Les Paroles tombées de cette Bouche quasi divine qui prononça le FIAT de l'Incarnation, ces Paroles si terribles et si maternelles, on ne les a pas enseignées dans les écoles et les enfants de l'âge des bergers ne les ont pas apprises. On sait, à peu près partout, vaguement, que la Salette existe, que la Sainte Vierge s'y est manifestée d'une manière quelconque et qu'Elle a dit quelque chose. Diverses personnes savent même que la profanation du Dimanche et le Blasphème ont été singulièrement condamnés par Elle. Mais le *texte* de ce Discours, on ne le trouve dans aucune mémoire, ni dans aucune main. Quant aux Secrets, on ne veut pas même en entendre parler.

Eh bien ! c'est à faire peur. Jésus-Christ souffre qu'on le méprise ou qu'on l'outrage. On est exactement au vingtième siècle des soufflets et des crachats qui tombent sans amnistie, depuis deux mille ans, sur sa Face infiniment sainte, constituant ainsi ce qu'on nomme l'Ere chrétienne. Mais il ne souffrira pas que sa Mère soit dédaignée, sa Mère en larmes !... Celle dont l'Eglise chante qu'elle était « conçue avant les montagnes et les abîmes et avant l'éruption des fontaines » (1) ; cette « Cité mystique pleine de peuple, assise dans la solitude et pleurant sans que personne la console » (2) ; cette gémissante « Colombe cachée au creux de la pierre » (3) ; la Reine des Cieux, pleurant comme une abandonnée dans ce repli du rocher et ne pouvant presque plus se soutenir, à force de douleur, après avoir été si forte sur l'autre Montagne !...

Seule, sur cette pierre mystérieusement préparée qui fait penser à l'autre Pierre sur qui l'Eglise est bâtie ; le Sein chargé des instruments de torture de Son Enfant et pleurant comme on n'avait pas pleuré depuis deux mille ans : **Depuis que Je souffre pour vous autres qui n'en faites pas de cas**, dit Elle.

Qu'on se représente cette Mère douloureuse res-

---

(1) Prov. VIII, 24, 25.
(2) Thren. I, 1, 2.
(3) Cant. II, 14.

tant assise sur cette pierre, continuant de sangloter dans ce ravin et ne se levant *jamais,* jusqu'à la fin du monde ! On aura ainsi quelque idée de ce qui subsiste éternellement sous l'Œil de Celui dont Elle est la Mère et pour qui nulle chose n'est passée ni future. Qu'on essaie ensuite de mesurer la puissance de cette perpétuelle clameur d'une telle Mère à un tel Fils et, en même temps, l'indignation absolument inexprimable d'un tel Fils contre les auteurs des larmes d'une telle Mère ! Tout ce qu'on peut dire ou écrire sur ce sujet est exactement au-dessous du rien...

VI

Insuccès de Dieu. Faillite apparente de la Rédemption. Le plus douloureux soupir depuis le *Consummatum*.

Voilà donc où nous en sommes ! Les Larmes de Marie et ses Paroles ont été si parfaitement cachées, soixante ans, que la Chrétienté les ignore. L'effrayante Colère de son Fils n'est pas soupçonnée, même de ceux qui mangent sa Chair et boivent son Sang, et le monde va son train. Cependant des prophéties nombreuses et singulièrement unanimes affirment que notre époque est désignée pour l'assouvissement de Dieu, qui sera le Déluge des Catastrophes. Cela entrevu ou deviné seulement est à faire tourner les têtes et même les globes.

L'énormité du cas nécessiterait une puissance de vision archangélique. Dix-neuf siècles accomplis de christianisme, autant dire une centaine de générations arrosées du Sang du Christ! Et pour quel résultat? Le vingtième siècle peut se le demander avec stupeur. L'optimisme féroce qui présume l'Evangile annoncé d'ores en avant à toutes les nations, n'est soutenable que dans la *bonne presse* ou dans les plus basses classes primaires, antérieures aux rudiments de la géographie la plus humble. La vérité trop certaine c'est que, sur les quatorze ou quinze cents millions d'êtres humains qui peuplent notre globe, un tiers au plus connaît le Nom de Jésus-Christ et les quatre-vingt-dix-neuf centièmes de ce tiers le connaissent en vain. Quant à la qualité du résidu, c'est une honte infiniment mystérieuse, un prodige de douleur assimilable seulement à l'incompréhensible Septénaire des Douleurs de la Compassion de Marie.

La réalité *apparente*, c'est l'insuccès de Dieu sur la terre, la faillite de la Rédemption. Les résultats visibles sont tellement épouvantables d'insignifiance et le deviennent tellement plus, chaque jour, qu'on se demande avec folie si le Sauveur n'a pas abdiqué. « Quæ utilitas in sanguine meo, dum descendo in corruptionem? » La voilà bien, l'Agonie du Jardin, telle que l'ont vue des extatiques! Ah! c'était bien la peine de tant saigner et de tant gémir, de recevoir tant de soufflets, tant de crachats, tant de coups de fouet, d'être si affreusement crucifié! C'était bien la peine d'être Fils de Dieu et de mourir fils de l'homme pour aboutir, après dix-neuf siècles piétinés par tous les démons, au catholicisme actuel!

Je sais qu'il y a eu des Saints, un, peut-être, par chaque dizaine de millions d'habitants du globe, autrefois surtout, et il paraît bien que cela suffit à Dieu, provisoirement du moins, mais comment cela pourrait-il nous suffire et nous contenter, nous autres qui ne voyons pas les causes ? On nous dit — avec quelle rigueur ! — que tout ce qui n'est pas dans l'Eglise est perdu. Or il naît, chaque jour, beaucoup plus de cent mille hommes qui n'entendront *jamais* parler de l'Eglise ni d'un Dieu quelconque, même dans le monde prétendu chrétien, et qu'on putréfie dès le berceau... J'ai vécu de longs et douloureux mois chez Luther, dans un des trois royaumes scandinaves, et j'y ai vu l'impossibilité de connaître la Vérité plus insurmontable cent fois que chez les païens. Dieu sait pourtant si son Nom terrible y est prononcé !

Que dire, après cela, des idolâtres sans nombre parmi lesquels il serait injuste de ne pas compter les catholiques traditionnels retranchés dans la certitude inexpugnable qu'ils sont tamisés, triés grain à grain, comme un froment d'eucharistie et que la pénitence n'est pas pour eux ? Ceux-là surtout sont effrayants. Les purs sauvages de l'Afrique ou de la Polynésie, les fruits humains de la hideuse culture asiatique, les polymorphes monstrueux de l'intellectualité la plus avilie, de la raison la plus déchue ; tous ces infortunés ont leurs dieux de bois ou de pierre dont quelques-uns sont si démoniaques et si noirs qu'on ne peut plus rire ni pleurer quand on les a vus. Cependant, que Jésus leur soit montré sur sa Croix et la plupart, instantanément, deviendront des gouffres humbles.

L'idole des catholiques honorables dont je viens de parler, c'est précisément la même Croix, mais posée par eux sur les épaules, sur le cœur du Pauvre. Ils la renieraient s'il fallait qu'ils la portassent eux-mêmes. A cette place, ils l'adorent et « la Sueur de Jésus coule jusqu'à terre en gouttes de sang »...

— *Non fecit taliter omni nationi*. Vous l'avez dit vous-même, Seigneur. Nous sommes la nation privilégiée, le troupeau choisi. C'est pour nous que vous êtes mort et nous n'avons qu'à nous laisser vivre. Il a fallu des martyrs et des pénitents, jadis, pour nous installer dans ce confort spirituel et matériel qui est probablement le miroir des Anges. Qu'avons-nous de mieux à faire que d'être généreux et doux envers nous-mêmes et de jouir de vos dons, en méprisant comme il convient les prophéties ou les menaces désapprouvées par nos pasteurs ?

Evidemment Notre Dame de la Salette ne dit rien et n'a rien à dire à de tels chrétiens.

Faudra-t-il donc que la Mère de Dieu se promène en vain sur les montagnes ? Le Discours de la Salette est le plus douloureux soupir entendu depuis le *Consummatum*. Qui oserait dire que la Vierge est « bienheureuse » de voir couler en vain le Sang de son Fils, depuis tant de siècles, et où est le Séraphin qui délimiterait ce tourment ?

VII

REFUS UNIVERSEL DE LA PÉNITENCE. « ... REGARDE, MÉLANIE, CE QU'ILS ONT FAIT DE NOTRE DÉSERT !... *Ridebo et Subsannabo.* »

Le lieu que tu foules est une terre sainte », fut-il dit à Moïse sur l'Horeb « montagne de Dieu ». J'ai retrouvé cette Parole sur les murs de l'hôtellerie de la Salette. Assurément elle y est à sa place, mais il faudrait tout le Texte : « *Solve calceamentum de pedibus tuis,* Déchausse-toi. »

Il ne viendrait plus personne. C'est la Pénitence réelle. Il ne s'agit pas seulement des pieds, et de quels pieds ! Il est indispensable de se déchausser l'esprit et le cœur. Et voilà tout le monde en fuite ! Les prétendus missionnaires et, après eux, les chapelains actuels, y ont pourvu. *Ne quid nimis !* Pas d'excès. Loin de demander trop, on s'ingénia à ne rien demander du tout et le résultat dépassa les espérances.

« Des menaces dans la bouche de Marie, si bonne et si douce ! me disait, l'autre jour, une jeune mère ; des menaces contre de faibles enfants innocents et purs ! et des menaces de mort, de mort affreuse !... Non ! non !... Marie est mère, elle n'a pu les prononcer. Elle ne sait qu'aimer, la vengeance ne lui appartient pas, et je voudrais brûler la page où l'on a osé lui prêter un langage comme celui-ci : **Les enfants au-dessous de sept ans prendront un tremblement et mourront entre les mains de ceux qui les tiendront.** Moi, croire à cette *Apparition !* répétait-elle, en serrant son enfant contre son cœur, non, non, pauvre petit ! Jamais cette dévotion ne sera la mienne ; car c'est l'épouvante et non l'amour qu'elle inspire. » (1)

Ce sucre fut ajouté au vinaigre et au fiel du Golgotha et l'Océan des Larmes de Marie perdit son amertume.

Effet très-facile. Il suffisait de décomposer le Message, en séparant ce qui est conditionnel de ce qui ne l'est pas, par exemple le Discours public du Secret confié à Mélanie pour être publié douze ans plus tard. Or la séparation, c'est la mort. Aussi longtemps que le Secret n'avait pas été publié, on pouvait le supposer conciliable avec toutes les sentimentalités. On consentait qu'il existât. Quand il fut connu, on décida de le supprimer et, comme il était l'âme du Message de la

---

(1) *Echo de la Sainte Montagne,* par Mlle des Brulais, Nantes, 1854.

Salette, ce Message fut aussi complètement tué que puisse être tué ce qui est de Dieu. Quel moyen d'accepter au XIXe ou au XXe siècle — fût-ce de Marie ! — une sorte d'Apocalypse précisée, une amplification ou dévoilement du vingt-quatrième chapitre d'Isaïe : *Ecce Dominus dissipabit terram*. Ces choses ne sont pas permises, même à Dieu qui a fermé son Evangile, n'est-ce pas ? et qui *ne doit pas* ajouter un iota aux Révélations dont son Eglise a le dépôt. Cela dépasserait trop les âmes, et les deux témoins de la Reine des Martyrs, les deux bergers, l'ont appris à leurs dépens.

« Ce lieu où tu te tiens est une terre sainte ». Parole obsédante ! Quels durent être les sentiments de Mélanie, lorsqu'elle revint à la Salette, après combien de pérégrinations douloureuses ! à l'âge de 71 ans, le 19 septembre 1902, cinquante-sixième anniversaire de l'Apparition ? Il lui restait peu de temps à souffrir et certaines choses, que n'entendraient pas les hommes, durent être dites à cette fille extraordinaire. De tous les points de sa Montagne, plus précieuse que le diamant, dut sortir une voix pour elle seule, une Voix infiniment douce et gémissante :

— Regarde, Mélanie, ce qu'ils ont fait de notre désert ! Autrefois, tu t'en souviens, on n'entendait que la plainte des troupeaux et le sanglot des eaux. Moi, la Mère de Dieu, enfantée avant les collines et les fontaines, je t'attendais là depuis toujours. J'attendais aussi ton petit compagnon Maximin, devenu, il y a vingt-sept ans, mon compagnon dans le Paradis.

CHAPITRE VII

Car vous étiez pour moi, chers enfants, toute la famille humaine. Je vous avais choisis, et non pas d'autres, pour être les notaires de mon Testament. Seule, parmi ces monts, dans le voisinage du bon torrent, j'écoutais tomber goutte à goutte, sur les nations, le Sang de mon Fils. Je t'ai fait voir l'immensité de cette peine qui étonnera les Saints pendant toute l'Eternité. Avoir donné un tel Enfant pour si peu ! Si tu savais !... Depuis tant de siècles, j'ai vu d'ici crouler un grand nombre d'empires dont plusieurs se disaient chrétiens et qui pourrissaient dans les luxures ou les carnages. C'est à peine si un homme sur des multitudes avait quelquefois un mouvement de compassion pour son Sauveur. De l'Orient à l'Occident, c'est une muraille rouge qui cache, plus de mille ans, la moitié du ciel. Les persécutions, les guerres, les esclavages, tous les fléaux de la Concupiscence et de l'Orgueil. Et ce fut le temps des Saints !

Aujourd'hui, c'est le temps des démons tièdes et blafards, le temps des chrétiens sans foi, des chrétiens affables qui ont une synagogue dans l'esprit et une « boucherie » dans le cœur. Il y en a même de disposés à verser leur sang, mais résolus très-fermement à ne pas accepter la misère et l'ignominie. Ceux-là sont les *héroïques* et il y en a peu. Je te le dis, les plus cruels bourreaux de mon Fils ont toujours été ses amis, ses frères, ses membres précieux et jamais Dieu ne fut mieux outragé que par les chrétiens. Tu l'as beaucoup dit, Mélanie, voilà 56 ans que **je ne peux plus retenir le Bras de mon Fils**. Je l'ai retenu, cependant, parce que je suis la Femme forte, mais *je cesserai bientôt*. On doit s'en apercevoir déjà. J'ai besoin d'être deux fois forte, parce qu'Il compte sur moi. Son Cœur trop doux compte sur le mien. Il sait que je serai implacable : « *Maledictio matris eradicat fundamenta — In interitu vestro, ridebo et subsannabo*. J'éclaterai de rire et je me moquerai de vous, quand vous serez dans les affres de la mort. » Ces Paroles s'accompliront exactement. Dérision pour dérision. J'ai donné en 1846, le dernier avertissement. C'est l'espérance et la volonté du Fils de Dieu d'être *vengé* par sa Mère.

VIII

Le Sacré-Cœur couronné d'Epines.
Marie est le Règne du Père.

« Son Cœur trop doux ». C'est lui-même qui a dit cela. *Mitis Corde.* L'excès divin, comme toujours. On dirait qu'il ne peut se décider à punir. Marie ne serait pas là que son Bras resterait tout de même suspendu, son Bras écrasant. Une visionnaire fameuse a dit que saint Joseph avait le cœur trop tendre pour supporter la Passion et que c'est à cause de cela qu'il n'en fut pas le témoin. Le pressentiment seul du Vendredi-Saint suffisait pour le faire mourir de compassion. Quelque chose de tel doit exister ineffablement en Dieu. Il fallait la force de Marie à l'holocauste et il la faudra au châtiment, puisque la Victime, si valide pour l'Amour, semble infirme pour la Justice.

Il est difficile de dire combien les sentimentalités dévotes abaissent Marie et la découronnent. Les pieuses chrétiennes veulent d'une Reine couronnée de roses, mais non pas d'épines. Sous ce diadème elle leur ferait peur et horreur. Cela ne conviendrait plus au genre de beauté que leurs misérables imaginations lui supposent. Cependant la Liturgie sublime qu'elles ignorent veut expressément que le Sauveur ait été couronné par sa Mère (1) et où donc aurait-elle pu prendre ce diadème, sinon sur sa propre tête ? Ne fallait-il pas à Jésus-Christ la plus somptueuse de toutes les couronnes et quelle autre que celle de la Reine-Mère eût été digne du Roi son Fils ?

Mais j'ai parlé du Cœur, de ce Cœur « doux et humble » qui est sur les autels et que tous les catholiques adorent. C'est la dévotion des Derniers Temps — que ces derniers temps soient des années ou des millénaires. Jésus veut triompher par son Cœur, *par son Cœur couronné d'épines*. Car voici un mystère. On dirait que la Face du Maître qui enivrait les Saints a disparu, à mesure que se montrait son Cœur. Alors le signe de sa Royauté, le signe essentiel qu'il tient de sa Mère, il a bien fallu qu'il descendît sur son Cœur et comme c'était une couronne fermée, surmontée de la Croix, ainsi qu'il convient aux Empereurs, la Croix est descendue en même temps, plantée pour toujours dans ce Cœur dévorant et dévoré qui « possèdera toute la terre parce qu'il est infiniment doux ».

Telle est l'image qu'on a été forcé d'offrir à la piété des fidèles, image d'aspect enfantin, la seule

---

(1) *Missa Spineæ Coronæ D. N. J. C. Introitus.*

tolérable parce qu'elle ne veut être que symbolique. Les horribles statues représentant un Jésus glorieux et plastique, « en robe de brocart pourpré, entr'ouvrant, avec une céleste modestie, son sein et dévoilant, du bout des doigts, à une visitandine enfarinée d'extase, un énorme cœur d'or crénelé de flammes (1) » ; ces honteuses et profanantes effigies doivent, en une manière, ajourner la Communion des Saints, la Rémission des péchés, la Résurrection de la chair, la Vie éternelle...

On aura beau chercher, la représentation du Cœur très-sacré n'est possible qu'en armoiries ou en sceau. Il fut révélé à Marguerite-Marie que Jésus voulait son Cœur sur les étendards de France et *en abîme* au milieu des fleurs de lys. Louis prétendu le Grand méprisa ce désir divin qui ne put être accompli que deux siècles plus tard, dans l'obscurité la plus profonde, lorsque le trône étant devenu vacant et tous les théâtres de la gloire française étant fermés, un prince pauvre se présenta... (2)

Pour les intelligences véritablement théologiques, la dévotion *moderne* au Cœur de Jésus est la plus forte preuve que Marie doit tout accomplir et que son temps est venu. Lorsque les chrétiens disent la si mystérieuse et si incompréhensible Oraison Dominicale, combien peu savent ou devinent que l'*Adveniat Regnum tuum* proclame cette Mère avec une précision absolue et l'appelle si fort que ces

---

(1) Léon Bloy. *Le Désespéré,* chap. XLVI.
(2) Léon Bloy. *Le Fils de Louis XVI.*

trois mots ont fini par la faire descendre tout en larmes. *C'est Elle qui est le Règne du Père !...*

Ah ! comme Elle nous prie de l'écouter ! *Attendite et videte si est dolor sicut dolor meus.* Elle sait si bien que tout est perdu si on ne l'écoute pas ! On l'a attendue dix-neuf siècles. On l'a appelée dans tous les pays et dans toutes les langues, matin et soir, avec des milliards de bouches. Des Apôtres, des Martyrs, des Confesseurs, des Vierges, des Prostituées, des Assassins, des Vieillards près de mourir et de tout petits Enfants qui savaient ou ne savaient pas ce qu'ils disaient, l'ont suppliée de venir et Elle est venue enfin, comme une malheureuse, réclamant le Septième Jour qui lui appartient et qu'on ne veut pas lui donner.

Elle ne nomme pas expressément le Cœur de Jésus, mais elle nomme celui de Napoléon III, ce qui est étrange et terrible. Comment veut-on que Marie prononce le mot *cœur* sans que se produise le Déluge, l'immersion, l'engloutissement d'Elle-même et de tous les mondes en ce gouffre de sang et de feu qui est le Cœur du Christ : « La fontaine sortie de la Maison du Seigneur pour irriguer le torrent des *épines* », ainsi que prophétisait Joël, 600 ans avant la Passion (1).

Mais que de paroles, mon Dieu ! N'est-elle pas Elle-même le Cœur du Christ percé de la Lance et

---

(1) Joël III, 18. *Joël planus in principiis, in fine obscurior,* a dit saint Jérôme parlant à des hommes qui ne pouvaient pas connaître le Sacré-Cœur.

déchiré par les Epines, où s'implante la Croix folle ? Que croirait-on si cela n'était pas à croire ? Un point est indiscutable. Nous périssons pour ne pas l'avoir écoutée.

IX

Il Vous est connu, ô Ma Dame de Transfixion, que je ne sais comment m'y prendre...

Je bénirai les maisons où l'image de mon Cœur sera exposée et honorée ». Telle est la promesse. Que ce livre où j'abrite ma pensée soit donc béni ! ce livre plein du désir d'honorer Marie douloureuse :

— Il Vous est connu, ô Ma Dame de Transfixion, que je ne sais comment m'y prendre et que j'ai besoin d'être aidé pour parler de Vous convenablement. Vous savez, ô Cœur percé d'Impératrice de tous les mondes, que je voudrais ajouter à Votre Gloire en élargissant la pensée de quelques-uns de mes frères. Mais l'entreprise passe mon pouvoir et il me semble que je n'ai rien à dire.

Voici bientôt trente ans que j'en avais audacieusement conçu la pensée. Celui de Vos amis que Vous m'envoyâtes alors n'a plus de voix pour m'instruire. Il attend la Résurrection dans Votre petit cimetière de la Montagne. Mais Vous m'avez poursuivi sans relâche, me forçant à parler de la Salette, quand même, dans d'autres livres qui n'étaient pas pour Vous seule et, finalement, Vous avez conduit par la main, jusque dans ma pauvre caverne, un de Vos fils les plus doux, un savant très-humble qui m'a dit de Votre part que, n'ayant plus, selon l'ordre de la nature, un grand nombre d'années à passer sur terre, il fallait que je m'exécutasse, bon gré, mal gré.

Alors, ma Souveraine, il est expédient que Vous fassiez tout, car mon impuissance est grande, ayant, d'ailleurs, l'esprit offusqué de plusieurs choses qui ne sont pas saintes. Dans le silence universel, ou peu s'en faut, considérez que Vous me faites un devoir de vociférer contre l'injustice énorme, et qui n'eut jamais d'exemple, de tout le peuple chrétien contempteur de Vos Larmes et dépositaire sans fidélité de Vos avertissements les plus précieux. Vous me donnez la consigne de marquer, comme des chiens qu'il faut abattre (1), les dévorants pasteurs d'Ezéchiel occupés, en assez grand nombre, à se paître eux-mêmes et dissimulateurs attentifs de Votre Révélation formidable.

Combien d'autres choses encore ! Si je me tais, qui réhabilitera Vos témoins, Vos bergers de dilection, Vos mandataires choisis parmi des milliards et

---

(1) *Videte canes, videte malos operarios...* Philip. III, 2.

honteusement rejetés et calomniés par ces mêmes pasteurs qui les étouffèrent tant qu'ils purent ? Si je me décourage, où est le chrétien qui osera dire qu'il est bien vrai que Vous êtes venue, il y a soixante ans, pour nous informer, en pleurant, de l'imminence du Déluge et que nul n'a voulu Vous croire ? Vous étiez, pourtant, l'Arche salutaire qu'on n'avait pas même eu la peine de construire, comme autrefois, et dans laquelle il est certain que plus de *huit* âmes auraient pu être sauvées... (1)

Regardez, maintenant, le pauvre instrument que je suis. Victime comme Vous, de la *conspiration du silence,* j'ai, depuis vingt ans, les lèvres tellement cadenassées que c'est à peine si je peux manger. Ceux-là seuls m'entendent qui sont tout près de moi et, pour ainsi dire, cœur à cœur.

Quand même Vous me donneriez la langue d'un Jérémie, il n'y aurait rien de fait aussi longtemps que Vous n'auriez pas donné des oreilles à la multitude. Je suis une chassie dans l'œil des contemporains. Les plus vils ennemis de Dieu croient avoir le droit de me mépriser et les amis déclarés du même Dieu sont les amis de mes ennemis. Vous savez pourquoi, Vous qui enfantâtes l'Absolu afin que les hommes le missent en croix. Mais je deviendrais un ambassadeur accrédité, si, tout de suite, j'avais le pouvoir de changer les eaux en sang, ce que je Vous demande très-humblement.

---
(1) I Petr. III, 20.

CHAPITRE IX

J'obéirai donc, certain que ce qu'il faut dire me sera mis en la bouche, espérant de Vous, ô Marie, je ne sais quelle force miraculeuse et comblé, pour le demeurant de mes jours, de cet accablant honneur.

X

Napoléon III déclare la guerre a Mélanie.

Qu'il (Pie IX) se méfie de Napoléon : son cœur est double et quand il voudra être à la fois Pape et Empereur, bientôt Dieu se retirera de lui. Il est cet aigle qui, voulant toujours s'élever, tombera sur l'épée dont il voulait se servir pour obliger les peuples à se faire élever. (1)

Tel est le huitième paragraphe du Secret de Mélanie, confié par la Mère de Dieu à cette bergère, le 19 septembre 1846, avec mission de le publier douze ans plus tard. En attendant, ce Secret, écrit de la main de Mélanie par ordre de son évêque, pour être communiqué au Pape seul, fut porté à Rome

---

(1) Les quatre derniers mots donnent l'idée d'une construction défectueuse et amphibologique. Raison de plus, semble-t-il, pour les respecter.

en 1851 par deux prêtres vénérables qui le confièrent, cacheté et scellé, au Souverain Pontife, en même temps que celui de Maximin aujourd'hui encore inconnu.

Il convient de faire observer tout d'abord qu'en 1846, le futur Napoléon III, à qui nul ne songeait, était enfermé dans le fort de Ham et condamné à une prison perpétuelle. Même en juillet 1851, le Coup d'Etat et le Second Empire étaient encore parmi les choses qui appartiennent exclusivement aux prophètes. Un fait aussi concluant vaut qu'on le signale.

Pie IX parla-t-il ? On est forcé de croire que, de manière ou d'autre, quelque chose transpira puisque Louis-Napoléon, devenu empereur « par la grâce de Dieu et la volonté nationale », s'empressa de déclarer la guerre à Mélanie. Ce fut un de ses premiers actes, et, certainement, l'un des moins connus.

Le vénéré Mgr de Bruillard, évêque de Grenoble, qui avait proclamé le Miracle, un peu avant le Coup d'Etat, demanda à Napoléon, en novembre 1852, de lui donner un coadjuteur, alléguant son grand âge et ses infirmités. Le président décennal qui avait besoin d'un domestique, refusa le coadjuteur, exigeant la démission pure et simple, afin de pouvoir placer sur le siège de Grenoble un prélat à sa discrétion et ne croyant pas à la Salette, qui enterrât le miracle. Ainsi devint successeur de saint Hugues, l'abbé Ginoulhiac, de Montpellier, vicaire général à l'archevêché d'Aix, ancien professeur de théologie gallicane.

« Bien des croyants, dit Amédée Nicolas (1), s'alarmèrent en apprenant quel était le nouvel évêque. Mais la Sainte Vierge avait choisi un prélat qui, doué de beaucoup d'adresse, de perspicacité et de prudence, connaissant le discours public, ignorant les Secrets qui étaient la terreur de Napoléon, pouvait le mieux conserver la dévotion et le sanctuaire, en rassurant le chef de l'Etat, en lui affirmant, autant qu'il le pouvait, et en toute bonne foi, qu'il ne s'agissait, dans les parties cachées, ni de lui ni de son trône. La Providence ne prodigue pas les miracles. Le plus souvent, elle se sert, pour arriver à ses fins, des hommes les plus médiocres, de leur caractère, de leur manière d'être, de leurs qualités, même de leurs défauts. Nous croyons, nous, que sans l'élévation, sur le siège de Grenoble, de Mgr Ginoulhiac qui était, d'autre part, gallican et plaisait aussi à l'Empire par ce côté, et sans une intervention divine, la Salette aurait été persécutée et pourchassée par l'Empereur. Ce choix a bien eu des inconvénients ; il en est résulté, pour les deux témoins, beaucoup de peines et de souffrances imméritées, cela est vrai ; mais il a sauvé le principal, c'est-à-dire la dévotion, le pèlerinage, le sanctuaire et la montagne. »

Le nouvel évêque, cependant, ne tarda pas à se trouver dans un embarras extrême. Les Secrets, celui de Mélanie surtout, qu'on disait si menaçants et

---

(1) *Défense et explication du Secret de Mélanie de la Salette.* Nîmes, 1881.

qu'il ne connaissait pas encore, étaient comme une arête en son gosier, quand il lui fallait parler à son empereur des cormorans. « Mais, heureusement, dit-il, dans son Instruction pastorale du 4 novembre 1854, nous vivons sous un gouvernement qui est assez sûr de lui-même pour ne pas trembler devant de prétendues confidences prophétiques faites à un enfant... » (1) Napoléon III, peu rassuré, voulait fermer le sanctuaire et il fallut l'intervention de Jules Favre, alors très-redouté, qui manifestait l'intention de porter la chose devant le Corps législatif par une interpellation, pour que le gouvernement renonçât à persécuter la Salette. Quant à Ginoulhiac, rassasié de tant d'émotions, inquiet de sentir trembler dans sa main la crosse précieuse, il décida d'en finir en faisant disparaître les témoins de Marie, les « deux enfants ignorants et grossiers », les « chétifs instruments » qui donnaient à Sa Grandeur tant de tablature. Le plus sûr eût été de les tuer, mais il y avait trop de monde, trop d'yeux ouverts. Il fallait un *expédient* non moins épiscopal que celui de Caïphe. La redoutable Mélanie fut exilée en Angleterre, à la fin de septembre 1854, abus d'autorité, acte inique au premier chef, qu'on ne manqua pas de présenter comme une faveur insigne sollicitée par la victime elle-même, attendrissant effet d'une bonté pastorale pouvant aller jusqu'à la faiblesse.

L'année suivante, cet évêque effrayant ne crai-

---

(1) « Nous vivons sous un prince ennemi de la fraude », avait déjà dit Molière.

gnit pas d'affirmer, sur la Montagne même, que « la mission des enfants était *finie* par la remise de leurs Secrets au Pape, que *rien* ne les rattachait plus au Miracle ; que leurs actes et leurs paroles, depuis le 18 juillet 1851, étaient complètement *indifférents* ; qu'ils pouvaient s'éloigner, se disperser par le monde, *devenir* INFIDÈLES à une grande grâce reçue, sans que le fait de l'Apparition en fût ébranlé. » A quelque prix que ce fût, il s'agissait de démonétiser les deux Témoins.

XI

Vie errante de la Bergère. Le Cardinal Perraud, successeur de Talleyrand, la dépouille.

Pourquoi es-tu triste, mon âme, et pourquoi me troubles-tu ? » Il a pourtant bien fallu qu'il l'articulât, cette interrogation liturgique, le triste évêque, avant de monter à l'autel, le lendemain matin et tous les autres matins qui suivirent, jusqu'à la fin de sa vie ! Et quand vint l'heure de la mort, l'heure terrible ou suave de la *recommandation de l'âme*, il ne lui fut pas possible de *penser* seulement, avec les assistants de son agonie, les rituelles paroles qui ouvrent la porte bienheureuse : *Viam mandatorum tuorum cucurri*. Il ne le put pas, parce qu'ayant dit à la sainte fille : « Vous êtes une folle ! » il était selon la justice qu'il mourût privé de raison.

Un jour, sera publiée, pour l'étonnement et

l'épouvante d'un grand nombre, la monographie des châtiments infligés aux persécuteurs ou blasphémateurs ecclésiastiques de la Salette. La liste en est déjà longue.

Mélanie ne devait plus connaître le repos. Après un séjour de six ans au Carmel de Darlington, retour en France et arrivée à Marseille, le 28 septembre 1860 (1). Entrée, à Marseille, dans une communauté religieuse pour y enseigner l'alphabet à de toutes petites filles — Envoi, dans les îles Ioniennes, à Céphalonie et à Corfou, en 1861 et 1862 — Retour à Marseille en 1862 où elle reste dans une propriété rurale jusqu'en 1867, sous la direction de Mgr Petagna, évêque de Castellamare, chassé de son diocèse par l'invasion piémontaise, qui passait les années de son exil à Marseille. — Départ pour l'Italie, en juillet 1867, pour Castellamare, non loin de Naples, où elle séjourna 18 ans, toujours sous la direction de Mgr Petagna rentré dans son diocèse en cette même année, jusqu'à la mort de ce digne et

---

(1) Là, elle fut *relevée* des vœux *non solennels* qu'elle avait faits, en février 1856, au Carmel d'Angleterre. De l'aveu de Pie IX, en effet, la mission que la Sainte Vierge lui avait confiée à la Salette lui défendait de rester cloîtrée. Bientôt même vint de Rome, consultée à son sujet, cette autre réponse : « *Cachez-la autant que vous le pourrez.* » C'était par crainte du *carbonaro* couronné, l'homme au « cœur double », dénoncé comme tel par la Sainte Vierge elle-même à sa confidente, avec ordre précis de dire à Pie IX : « Qu'il se méfie de Napoléon ! » — ce que fit celle-ci dans la rédaction de son secret pour le Saint-Père, secret qui fut remis à Sa Sainteté, le 18 juillet 1851, comme on l'a déjà vu. L'Empereur ne pouvait supporter Mélanie, se sentant visé défavorablement par son *Message*. Aussi fut-il donné suite à ce prudent avis.

pieux évêque et au-delà. — Vers 1885, rentrée en France, avec la permission spéciale de Léon XIII, pour y soigner sa mère malade, à Cannes et au Cannet, jusqu'à la mort de cette dernière, puis séjour à Marseille de 1890 à 1892. — Retour en Italie où elle se fixe, cette fois, à Galatina, entre Lecce et Otrante, pour y passer quelques années non loin de son ancien directeur, Mgr Zola, de 1892 à 1897. — En 1895, voyage en France, à l'occasion d'un procès retentissant et scandaleux, gagné, naturellement, contre elle par Mgr Perraud, Cardinal-Evêque d'Autun, successeur de feu Talleyrand, et même académicien, qui fit à la bergère l'honneur de la dépouiller, au profit de sa mense épiscopale, d'un legs important à elle fait pour les Apôtres des Derniers Temps. Dans le legs était comprise une chapelle publique que le Cardinal frappa d'interdit (1). A ce sujet, recrudescence des calomnies, déluge d'immondices. Libertinage, hérésie, escroquerie, folie, possession ! Telles furent les aménités de la *bonne presse*. — Du 14 septembre 1897 au 2 octobre 1898, à Messine, dans l'Institut des *Filles* dites *du divin Zèle du Cœur de Jésus*, pour y diriger les jeunes aspirantes pendant l'année du noviciat. — De là à Moncalieri. — Puis rentrée nouvelle et dernière en France où elle passe cinq ans, de 1899 à 1904, à Saint-Pourçain, Diou, Cusset (Allier) et Argœuves (Somme). Deux fois elle

---

(1) Les documents relatifs à cette honteuse affaire ont été publiés, en 1898, chez l'éditeur Chamuel, à Paris. *Mélanie, Bergère de la Salette et le cardinal Perraud.*

se rend à la Salette : le 18 septembre 1902, pour y passer le 56ᵉ anniversaire de l'Apparition et une dernière fois, le 28 juillet 1903. Elle avait reçu le sacrement de l'Extrême-Onction à Diou, durant une grave maladie qui n'eut pas de suite, le 26 janvier 1903. — Enfin, au milieu de l'année 1904, elle quitte définitivement son pays natal pour aller se fixer dans la province de Bari, en Italie, où elle vit incognito jusqu'à sa mort à la mi-décembre, connue seulement de son nouvel évêque, Mgr Cecchini, et d'une pieuse dame, la signora Gianuzzi. Sa dernière communion, le 14 décembre, dans la cathédrale d'Altamura, est son suprême Viatique.

Cette errance continuelle, cette incessante migration nécessitée par une hostilité sans pardon, — favorable, d'ailleurs, à l'accomplissement de sa mission, — fut tournée contre elle, taxée de vagabondage, dans le pire sens du mot, interprétée de la façon la plus basse et la plus haineuse. Peu de saintes furent autant calomniées.

« Je mourrai en Italie », disait-elle à Diou, moins de deux ans avant sa mort, « — dans un pays que je ne connais pas, — où je ne connais personne, — pays presque sauvage, — mais où on aime bien le bon Dieu, — je serai seule, — un beau matin, on verra mes volets fermés, — on ouvrira de force la porte, — et on me trouvera morte. » Cette prophétie s'est réalisée à la lettre dans tous ses détails (1).

---

(1) Mélanie habitait à Altamura une petite maison « hors les

CHAPITRE XI

L'extraordinaire beauté de cette vie fut cachée, plus de soixante ans, avec un art vraiment diabolique et la très-précieuse mort ne fut pas connue. A cette époque, d'ailleurs, qui pensait à la Bergère ? A peine la nommait-on sur la Montagne, en déplorant qu'elle eût mal tourné. Immolation irréprochable. Maximin mort en 1875, avait été déshonoré, lui aussi, fort studieusement et d'une manière qui ne laissait rien à désirer. Bon débarras de l'un et de l'autre.

La légende, solidement implantée, dès lors, de l'indignité regrettable des témoins, tournait, en somme, à la Gloire de Dieu dont c'est la pratique ordinaire — n'est-ce pas ? — de tirer le bien du mal et de se servir des instruments les plus méprisables. L'éloquence des séminaristes pouvait se donner carrière. L'invérifiable mensonge était adopté par

---

murs ». Elle y était *seule* depuis peu de temps ; et, seul de son diocèse, Mgr Cecchini savait quelle était la sainte dont on lui avait confié la garde. Tous les matins elle se rendait à la cathédrale, assistait au Saint-Sacrifice, communiait et allait ensuite à l'évêché prendre un peu de café sans pain, puis se retirait dans sa solitude. C'était toute sa nourriture pour la journée. Vers midi, Monseigneur qui n'avait pas eu encore l'occasion de *surprendre* ce don de vivre presque sans nourriture, lui faisait porter, par un familier de l'évêché, son repas qu'elle donnait aux pauvres. Le 15 décembre, ne la voyant pas à la cathédrale, il prit de l'inquiétude et envoya chez elle. Les volets étant fermés et aucune réponse n'ayant été faite, il se décida à faire prévenir les autorités civiles. La porte fut ouverte et on trouva la pieuse fille morte, par terre. Elle était entièrement vêtue, ses vêtements modestement disposés ; ses bras en croix formaient comme un appui pour son front. On n'eut qu'à la mettre religieusement dans le cercueil...

Six mois après la mort de Mélanie, Mgr Cecchini fit ouvrir son tombeau et trouva son saint corps intact.

tous les chrétiens, prêtres ou laïques, irréparablement déçus. Le Secret était devenu une rêverie dangereuse ou ridicule et, pour une fois, le vieux Serpent triomphait du Pied Virginal...!

Cependant, *Deus non irridetur,* on ne se moque pas de Dieu. Mélanie était morte le matin de l'Octave de l'Immaculée Conception et, la veille, cette année-là, en divers diocèses, on avait célébré la *Manifestation* de la Médaille miraculeuse, fête renvoyée du 27 novembre. Rappel liturgique du Dragon poursuivant en vain la Femme aux ailes d'aigle qui fuyait devant lui dans le désert ; et pour quelle autre, que cette mourante abandonnée, l'Eglise aurait-elle chanté les fatidiques paroles : « Posuit in ea verba signorum suorum et prodigiorum suorum in terra » (1).

Trois ans se sont écoulés. La Messagère enterrée ne parcourt plus le monde. Elle est immobile et incorrompue dans un tombeau que les peuples visiteront un jour. Mais la prophétie qu'elle apporta continue son cours comme un fleuve de plus en plus majestueux, de plus en plus redoutable. On l'entend déjà gronder et les plus impavides commencent à en avoir peur.

---

(1) *Manifestatio Immaculatæ V. M. a Sacro Numismate.* Graduale. Missale romanum.

XII

Les prêtres et le Secret de Mélanie.

S'il n'y avait eu que Napoléon III, la conspiration du silence ne lui aurait pas survécu trente-six ans. Même l'étonnante infirmité humaine qui transforme en une routine le ressentiment des griefs les plus oubliés ; tout ce qui pouvait, avant la catastrophe de 1870, s'opposer encore à la Salette et à ses Témoins, se serait usé depuis, la seule énergie de la sève catholique démolissant la muraille de plus en plus, à chaque renouveau. Mais il y avait ceci qu'on n'avouait pas, le jugeant intolérable, et dont on ne voulait à aucun prix :

Les prêtres, ministres de mon Fils, les prêtres, par leur mauvaise vie, par leurs irrévérences et leur impiété à célébrer les Saints Mystères, par l'amour de l'argent, l'amour de

l'honneur et des plaisirs, les prêtres sont devenus des **CLOAQUES D'IMPURETÉ**. Oui, les prêtres demandent vengeance et la vengeance est suspendue sur leurs têtes. Malheur aux prêtres et aux personnes consacrées à Dieu, lesquelles, par leurs infidélités et leur mauvaise vie, crucifient de nouveau mon Fils ! Les péchés des personnes consacrées à Dieu crient vers le Ciel et appellent la vengeance, et voilà que la vengeance est à leurs portes, car il ne se trouve personne pour implorer miséricorde et pardon pour le peuple ; **IL N'Y A PLUS D'AMES GÉNÉREUSES**, il n'y a plus personne digne d'offrir la Victime sans tache à l'Eternel, en faveur du monde. (1)

« *Nolite tangere Christos meos... Qui vos audit, me audit : et qui vos spernit, me spernit.* » Vous l'entendez, ô Mère du Verbe, c'est à Vous que cela s'adresse. Vous avez osé toucher au clergé. On pourrait penser que Vous en aviez le droit, étant sa Reine, *Regina cleri*, mais il n'en est rien et voici Votre punition : Nous décidons que Vous aurez parlé en vain.

« Ils ne veulent pas faire leur examen de conscience, » disait Mélanie. « *Tu es ille vir, tu fecisti hanc rem absconditle !* », dit l'Esprit-Saint. C'est toi

---

(1) Secret de Mélanie, 2ᵐᵉ alinéa. « Il y a ceci de remarquable, faisait observer, il y a 30 ans, Amédée Nicolas, qu'aucune communauté religieuse de femmes n'a réclamé. Seuls les prêtres séculiers ou réguliers ont poussé des cris. »

CHAPITRE XII

le coupable ! dit la conscience. Quel que soit le crime accompli, en n'importe quel lieu du monde, cette parole doit être justement et rigoureusement appliquée à chacun de nous. Les saints l'ont toujours entendu ainsi. Et parce que les prêtres sont plus près de Dieu et, dès lors, plus responsables, il est naturel qu'ils soient atteints les premiers.

— « Vous êtes la lumière du monde ! » leur a dit le Maître. Il n'y aura jamais d'affirmation plus certaine. Mais on sait que la plus candide flamme terrestre, présentée au soleil, projette une ombre. De même la Lumière de Dieu, si elle venait à se lever derrière la lumière du monde, cette dernière, à l'instant, donnerait une ombre noire, gluante, fuligineuse, de la plus impénétrable opacité. Telle doit être la sensation d'un humble prêtre qui fait son *examen de conscience*. Comment, alors, pourrait-il se troubler ou s'étonner de l'énergie de certains mots ?

Il s'agit bien de cela ! d'ailleurs. La Parole de Dieu est, par essence, incontestable, indiscutable, irréfragable, définitive. On est forcé de la recevoir intégralement ou de se déclarer apostat. Or la parole de Marie, c'est la Parole de Dieu, aussi bien à la Salette que dans l'Evangile. Si elle dit que nous sommes des « chiens », c'est la Sagesse éternelle qui parle. S'il lui plaît d'ajouter que les prêtres sont des « cloaques d'impureté », il n'y a pas mieux à faire que de croire qu'il en est ainsi, avec de très-humbles actions de grâces pour le bienfait d'une si précieuse révélation et sans songer, une minute, à *distinguer* sophistiquement. Cette parole sait ce qu'elle dit, elle le sait infiniment et, nous autres, nous ne savons pas même ce que nous pensons.

On a parlé d' « expressions hyperboliques », on a voulu sauver le Secret, en expliquant que le mot *cloaque* n'avait pas un sens absolu, comme si Dieu ne parlait pas toujours ABSOLUMENT. Infidélité, mauvaise vie, irrévérence, impiété, amour de l'argent, de l'honneur et des plaisirs. Total : cloaque d'impureté. Que penser d'un prêtre qui dirait : « Cela n'est pas pour moi. » ? Saint François de Sales, saint Philippe de Néri, saint Vincent de Paul, le curé d'Ars, cinquante mille autres, sans remonter aux Martyrs, eussent dit en pleurant : « Ah ! que cela est vrai ! comme notre Souveraine me connaît et combien est inutile mon hypocrisie de tous les instants ! » Mais voilà ! **Il n'y a plus d'âmes généreuses**. La vérité stricte que ne contestera jamais un homme déterminé à donner sa vie pour Dieu, c'est que tout prêtre qui ne tend pas à la Sainteté est réellement, rigoureusement, absolument, un Judas et une ordure.

Tout à l'heure, j'ai cité deux Textes, le premier, du psaume 104 : « *Nolite tangere...* Ne touchez pas à mes oints », pour faire voir le beau parti qu'on en peut tirer. L'autre moitié du même verset paraît une foudroyante réponse de Marie : « ... *et in prophetis meis nolite malignari* — et ne maltraitez pas mes prophètes ». Ceux d'entre les persécuteurs de Mélanie et de Maximin qui n'avaient pas « reçu leurs âmes tout à fait en vain » durent trembler quelquefois, en lisant ces mots dans leurs bréviaires. Pour ce qui est de l'Oracle évangélique : « Celui qui vous écoute m'écoute, etc. », ne voit-on pas qu'il convient supérieurement à Notre Dame de la Salette ? « Faites tout ce qu'il vous dira », avait dit, aux noces de Cana, la Mère de Jésus. « Celui qui T'écoute M'écoute et *celui qui Te méprise Me méprise* », lui répond son Fils, dix-neuf siècles plus tard, l'entendant pleurer sur une montagne.

XIII

Immense dignité de Marie.

L'incompréhension du Fait de la Salette est une suite naturelle de l'incompréhension ou de l'ignorance des Privilèges — d'ailleurs infiniment inexplicables — de Marie. Pour ne parler que de son Immaculée Conception qui est un mystère effrayant, il est à remarquer qu'à Lourdes, Elle ne dit pas : « Je suis conçue sans péché », mais : « *Je suis l'Immaculée Conception* ». C'est comme si une montagne disait : « Je suis la Celsitude ». Marie est la seule ayant le droit de parler d'Elle-même *absolument,* comme Jésus parle de Lui-même, quand il dit : « Je suis la Lumière, la Vérité, la Vie ». Le « Vêtement de Soleil », mentionné dans l'Apocalypse, est son vêtement d'Absolu. Elle est si près de Dieu et si loin des autres créatures qu'on a besoin d'un effort de la Raison pour ne pas confondre. J'ose même dire, au risque de me confondre moi-même, que plus la Raison et la Foi grandissent, plus la Mère de Dieu grandit et qu'on devient de moins en moins capable de la délimiter, de la *distinguer*.

Ah ! je sais combien ces mots sont misérables ! Ils ont du moins pour eux d'être adéquats à la misère de la pensée. Un ange même, si on pouvait entendre son latin sans être foudroyé d'amour dès la première syllabe ; comment expliquerait-il qu'on peut concevoir Marie sans concevoir la Trinité même et la discerner encore un peu dans l'éblouissement de la grande Ténèbre ?

A la Salette, Elle parle *à la première personne* comme Dieu seul peut parler. On a beaucoup remarqué cela. Des gens très-forts se sont élancés pour soutenir les murs de l'Eglise que ce langage allait, sans doute, jeter par terre ; pour expliquer — oh ! faiblement — que tous les prophètes canoniques se sont exprimés ainsi et qu'en cette rencontre, leur Reine admirable n'est, comme eux, qu'un porte-voix, *rien de plus*. Nul ne s'est avisé de demander comment la Mère de Dieu aurait pu s'exprimer autrement. Dans le Discours public, c'est toujours le Nom de son Fils accompagnant les reproches et les menaces. Il nous est ainsi montré qu'Elle parle, avant tout et uniquement, en qualité de Mère de Dieu, de Souveraine absolue, au point que ce Fils qui est le Créateur d'Elle-même a l'air de ne rien pouvoir sans sa permission. Essayez de remplacer la Première Personne par la Troisième, de lire, par exemple : « *Dieu* vous a donné six jours pour travailler, *il* s'est réservé le septième et on ne veut pas le *lui* accorder. » Aussitôt, c'est la parénèse d'un prédicateur quelconque et ce qui fait le caractère précis de ce célèbre Discours qui a étonné tant d'âmes, l'Autorité suprême, disparaît.

Il est bien entendu que Marie n'est pas Dieu, quoique Mère de Dieu. Cependant rien ne peut exprimer sa dignité. Théologiquement il est aussi impossible de l'adorer que d'exagérer le culte d'honneur qui lui appartient. La gloire de Marie et son excellence œcuménique défient l'Hyperbole. Elle est ce Feu de Salomon qui ne dit jamais : « En voilà assez ! » Elle est le Paradis terrestre et la Jérusalem céleste. Elle est Celle à qui Dieu a tout donné. Si vous pensez à sa Beauté, ce sera une dérision de dire qu'Elle est la Beauté même, puisqu'Elle dépasse infiniment cette louange. Si vous voulez exalter sa Force et sa Puissance, vous n'aurez pas mieux à faire que de reconnaître qu'Elle est, en vérité, la dernière des créatures, puisqu'Elle a pu accomplir cet inimaginable prodige de s'humilier beaucoup plus bas que tous les abîmes avant lesquels Elle avait été conçue. Si vous désirez mourir, tous les mourants de bonne volonté sont dans ses Bras. Si vous demandez à naître, la Voie lactée jaillira de ses Mamelles pour vous nourrir. Quelque poète que vous fussiez, capable, si j'ose dire, d'étonner le Couple innocent sous les platanes du Paradis, vous auriez l'air de vendre à faux poids les plus fétides substances, vous ressembleriez à un négrier ou à un propriétaire de malheureux, si vous entrepreniez, — fût-ce en pleurant et à deux genoux ! — si vous rêviez seulement, de dire un mot de sa Pureté qui fait ressembler à la sueur des damnés du plus bas enfer, les gouttelettes de rosées suspendues, un matin d'été, aux tissus d'argent et d'opale des aimables araignées des bois.

Vous aurez beau prier, beau faire, jamais vous ne pourrez récompenser la peine que j'ai prise pour vous autres.

L'Eglise militante subsisterait dix mille ans encore, et il y aurait des centaines de conciles dont chacun ajouterait une gemme inestimable à la parure de cette Reine, que cela ne ferait pas autant pour sa splendeur que ce témoignage d'Elle-même à Elle-même, dans le désert, en présence de deux pauvres petits enfants.

XIV

Identité du Discours public et du Secret de Mélanie. La plainte d'Eve.

La parole de Marie, toujours identique à la Parole de l'Esprit-Saint que l'Eglise nomme son Epoux et qui la pénètre indiciblement, est toujours, *par nature,* en assimilations ou paraboles. Elle est, surtout, *itérative,* Dieu disant toujours la même chose et ne parlant jamais que de Lui-même, ainsi que je l'ai fait remarquer ailleurs (1). Il fallait, par conséquent, que le Secret fût identique au Discours public et c'est en cela que se manifeste leur commune origine. Je ne me propose pas de les interpréter. D'autres l'ont essayé, avec plus ou moins de bonheur. Mais, précisément parce que la Parole divine est invariablement assimilée ou figurative, les prophéties

---

(1) *Le Salut par les Juifs.*

sont invérifiables de ce côté de la vie, puisque, même leur accomplissement n'est qu'une autre figure de l'avenir. En ce sens, comme dans tous les sens, un prophète parle toujours. *Defunctus adhuc loquitur.*

Certaines menaces du Secret de la Salette, telles que la chute de Napoléon III, s'étant accomplies très-visiblement, on peut être sûr que cette catastrophe est elle-même préfigurative de quelque autre grande punition que nul ne peut deviner. J'oserais même dire que cette menace n'est pas étrangère à la chute colossale du premier Napoléon, car les prophéties n'appartiennent pas à la durée, non plus qu'à l'espace, et c'est une fête pour la pensée de les sentir palpiter au centre des temps d'où elles rayonnent sur *toutes* les époques et sur tous les mondes.

Donc identité nécessaire du Discours public et du Secret. Lorsque Marie dit aux Bergers : **N'avez-vous pas vu du blé gâté, mes enfants ?** aussitôt se retrace en ma mémoire tout le 2ᵉ alinéa sur les prêtres et les personnes consacrées à Dieu, les quinze lignes citées plus haut. Même remarque pour les raisins qui pourrissent. Le Pain et le Vin sont une telle signification du Sacrifice !

Les pommes de terre vont continuer à se gâter et à Noël il n'y en aura plus. Quelqu'un m'a dit : « Les pommes de terre *ce sont les morts* et Noël, c'est l'avènement de Dieu ». Or jamais, depuis les grands prophètes hébreux, il n'avait été annoncé autant de massacres, de fléaux horribles, de pestes et de famines ; jamais, autant que dans le Secret, l'imagination ne fut conviée au spectacle de la terre engloutissant d'aussi prodigieuses multitudes !

Qu'il me soit permis de citer ici une lettre naïvement et singulièrement lumineuse qui me fut écrite, l'an dernier, par une amoureuse de Dieu :

« J'ai rêvé que je voyais passer beaucoup de monde que je ne connaissais pas. On entrait et on sortait. C'était un grand va-et-vient. Tout à coup une femme attirait mon attention; elle avait quelque chose qui me touchait infiniment. Tout le monde étant parti, elle me dit ces mots extraordinaires : « *On me croit* SANS PÉCHÉ, je veux raconter mon passé ». Alors elle se mettait à chanter ou à parler, car ses paroles étaient comme un chant divin qui me pénétrait de douleur. *C'était la plainte d'Eve.* Je me suis réveillée toute navrée, tout abîmée dans la douleur et me demandant : — Où suis-je ? C'est la Salette, c'est Notre Dame de la Salette qui m'a parlé, *c'est Eve qui pleure !* Ensuite le Discours de la Salette recommençait en moi, comme de lui-même. Je recevais le sens des mots, je déchiffrais avec facilité les paroles comme si j'en avais reçu la clef...... De tout cela, il me reste peu dans l'esprit, l'état lucide s'est dissipé, et je n'ai plus que le souvenir d'une chose divine qui a passé à côté de moi... Avec son bras droit, Eve a cloué le Sauveur. — Avec son bras gauche elle le déclouera. — « Mon peuple », c'est tout le genre humain depuis le commencement. — C'est Eve qui parle en lançant son regard à travers les âges. — C'est *elle* qu'accablent les deux lourdes chaînes... »

CHAPITRE XIV

Que pensez-vous de cet aspect nouveau du Miracle de la Salette, de cet élargissement surnaturel de notre horizon ? *Mutans Evæ nomen.* C'est Marie qui nous parle et c'est Eve qui nous parle. C'est la même source de vie, la même fontaine de pleurs. C'est pourquoi son vêtement, ou l'apparence de son vêtement, est si extraordinairement symbolique.

Oh ! ce vêtement ! Quand je pense à la si totale incompréhension d'un écrivain célèbre que nos catholiques ont cru précieux parce qu'il était venu vers l'Eglise d'un lieu très-bas, et qui tenta presque aussitôt de déshonorer la Salette, en ridiculisant ses images dont le symbolisme lui échappait, après avoir bafoué de ses adjectifs la Montagne elle-même qui l'avait assommé de sa grandeur ! Ce pauvre homme, qui croyait aimer Marie, est mort très-cruellement, peu d'années plus tard, en exécution, j'en ai peur, de la menace attachée au flanc du Commandement redoutable : *Honora Matrem ut sis longævus super terram.*

Il faut presque renoncer au sens des mots, lorsqu'il est question de tels objets. On ne peut plus savoir, par exemple, ce que c'est qu'un vêtement. Le tailleur d'images qui a fait les groupes de la Salette ne voulut être que l'écolier des deux enfants et, à cause de cela, son œuvre a, je pense, toute la valeur qu'elle pouvait avoir. Mais comment traduire, en marbre ou en bronze, *un vêtement de prophéties,* une robe ou une tunique de l'Esprit-Saint ? Car c'est bien cela que les bergers ont pu voir avec les yeux qui leur furent prêtés pour un instant.

Ils ont dit : « la Dame en feu ». Bossuet ou saint Augustin auraient-ils mieux dit ? On ne sculpte pas du feu, surtout du feu extra-terrestre. La face de la Dame et le « bouquet de myrrhe » de Salomon pendu à son cou, le Crucifié vivant sur son sein, étaient comme enveloppés d'un feu essentiel que l'intensité de tous les volcans ensemble n'égalerait pas. Donc silence. L'or, le diamant, les pierres les plus précieuses, le soleil même, parurent à ces deux enfants comme de la boue.

XV

PERSÉCUTION DE Mgr FAVA. DÉSOBÉISSANCE,
INFIDÉLITÉ CRIMINELLES DES MISSIONNAIRES.

La non existence, après soixante ans, de l'Ordre des Apôtres des Derniers Temps est l'effet infiniment déplorable d'une désobéissance inouïe, non seulement à la Sainte Vierge qui avait exigé son institution, mais à Léon XIII qui ordonna formellement à Mgr Fava, évêque de Grenoble : « *de prendre la Règle donnée par la Très-Sainte Vierge à Mélanie pour la faire observer aux Religieux et Religieuses qui sont sur la Montagne de la Salette* ». Et Mélanie, reçue en audience privée, le lendemain, eut la consolation d'entendre le Saint-Père lui dire plusieurs fois : « Vous irez sur la Montagne avec la Règle que vous a donnée la Très-Sainte Vierge. Vous la ferez observer aux Religieux et aux Religieuses ». Cela se passait le 3 décembre 1878.

« Que s'est-il passé pour que rien ne se soit fait ? » écrivait-elle, dix-sept ans plus tard. — « Quelqu'un que je connais, s'il était à son lit de mort, à cette heure suprême où l'on dit adieu à tous les partis, à tous les intérêts terrestres et où les yeux n'aperçoivent qu'un Juge scrutateur des cœurs, pourrait nous le dire avant d'en avoir la vision dans l'autre monde. Et il pourrait aussi nous dire pourquoi les ordres du Saint-Père n'ont pas été suivis » (1).

La constante hostilité de Mgr Fava, autrement active que celle de Mgr Ginoulhiac, bien qu'il ne fût talonné par aucun empereur, ressemble à un cas de possession diabolique. Cet inconcevable pontife, toujours accompagné de son instrument d'iniquité, le Père Berthier, des prétendus Missionnaires de la Salette, relançait sa victime jusqu'à Rome — où il étonna de son arrogance Léon XIII qui ne sut pas le briser, — et jusqu'au fond de l'Italie où elle avait espéré trouver un refuge, ne reculant pas même devant cette monstruosité d'essayer de la corrompre avec des *billets de banque*. — « J'ai ici quelques billets de cent francs *pour vos menus plaisirs* », osa-t-il lui dire. Jusqu'à son effrayante mort, il ne cessa d'agir contre elle et d'entraver sa mission par tous les moyens imaginables.

Elle avait écrit, le 3 janvier 1880 : « ... Ce n'est

---

(1) Ce *quelqu'un*, à proprement parler, n'eut pas de *lit de mort*. Un matin, il fut trouvé mort sur son plancher, — comme, plus tard, Mélanie — mais, au contraire de la sainte fille, dévêtu, les bras tordus, les poings crispés, le visage, les *yeux*, exprimant l'effroi d'une horrible vision.

CHAPITRE XV

pas malin que Mgr Fava ne veuille pas entrer dans mes vues qui sont toutes opposées aux siennes. Mes vues étaient de faire de la Montagne de la Salette un nouveau Calvaire d'expiation, de réparation, d'immolation, de prière et de pénitence pour le salut de ma chère France et du monde entier. Je désirais que le lieu où Marie Immaculée a versé tant de larmes fût un lieu saint, un modèle, et que l'on y observât *rigoureusement* la sainte Loi de Dieu, *la Loi du Dimanche*, et que ni les Pères ni les Religieuses ne fissent aucun négoce, *laissant aux séculiers le soin de vendre des objets de piété* » (1).

Autre plainte, le 8 septembre 1895 : « ... Que c'est donc triste de voir ce saint lieu habité par des *incroyants* ! Dès le commencement, je me consolais en pensant que cette Montagne, où Marie avait versé des larmes, serait, un jour, habitée par des âmes modèles de l'exacte observance de la loi de Dieu, des âmes humbles, charitables, dévouées et zélées ; que ce saint lieu deviendrait et serait le foyer de la *pénitence*, de l'expiation et de la continuelle prière pour les besoins de l'Eglise et la conversion des pécheurs !... J'ai été trompée ; je ne leur en veux pas ; ils n'ont rien compris de la miséricordieuse Apparition ; ils n'ont pas la vocation religieuse et apostolique ; ils sont des membres disloqués. Que Dieu les éclaire ! »

La présence des Missionnaires prétendus, ins-

---

(1) *Notre-Dame de la Salette et ses deux Elus.* 160 lettres de Mélanie. Paris, Weibel, 9, rue Clovis.

tallés et prospérant, un demi-siècle, sur sa Montagne, la crucifiait. « ... Ce sont les anciens missionnaires », écrivait-elle, le 29 décembre 1903, « qui ont détruit le pèlerinage ; ce sont eux, hélas ! qui ont osé *découronner* Notre Dame de la Salette ; (1) ce sont eux qui, complices de Mgr Fava, ont refusé, contre l'ordre du Pape, d'accepter la Règle de la Mère de Dieu ; ce sont eux qui ont calomnié le si bon et si humble Maximin et qui lui ont refusé un morceau de pain !...» En 1901, ils avaient demandé à Mélanie, dans leur sacristie : « Que va-t-il arriver ? » — « La Madone, répondit-elle, va vous *balayer* ». Déjà Maximin, un peu avant sa mort, arrivée le 1ᵉʳ mars 1875, avait dit en parlant d'eux : « Ils descendront de la Montagne et n'y remonteront pas ». Décidément les deux Bergers étaient mieux informés de l'avenir que ces soi-disant religieux, le P. Berthier, par exemple, disant : « Après tout, nous sommes propriétaires des lieux de l'Apparition. Nous les avons achetés par acte notarié en bonne et due forme : *personne ne peut nous déloger.* » Adorable balayage ! « Ce qui se serait fait dans la miséricorde — avait dit encore Mélanie — se fera sur des ruines ».

La douleur de cette profanation lui fut un martyre. Son admirable correspondance en est remplie et on peut bien dire qu'elle en est morte après en avoir constamment vécu. Elle ne pouvait pas

---

(1) Expulsés de la Sainte Montagne, les anciens Missionnaires emportèrent la caisse, les vases sacrés couverts de pierreries et jusqu'au Diadème de la Sainte Vierge !!! Il fallut recourir au Pape pour leur faire rendre ces richesses du Pèlerinage.

se mettre à genoux, parler à Dieu ni parler aux hommes, sans que cette épine perçât son cœur. « Ceux qui étouffent la vérité... Le matériel offusque leur intelligence... Je suis indignée contre l'esprit de mensonge des Pères de la Salette... Ils ont horreur de ce Secret qui lève un coin du voile... Malheureux religieux qui ne sont pas fidèles ! gémissait-elle ; oh ! combien il y en a qui arriveront au terrible Jugement de Dieu, avec les mains et le cœur vides, mais les yeux pleins, pleins du désir des biens de la terre et vides de bonnes œuvres ! Prions, prions... Notre pauvre France est bien malheureuse et bien malade ; mais ce ne sont pas les personnes qui ne croient à rien qui offensent le plus la Majesté Divine ; les personnes qui appartiennent au démon font les œuvres du démon. Ce sont les âmes chrétiennes, les Chandeliers de l'Eglise, le Sel de la terre, qui ne font plus leur office... *La divine Marie n'a pas parlé pour ne rien dire,* ni pour que *ses sages avertissements soient ensevelis...* Les excuses que certaines personnes donnent pour ne pas croire au Secret, ne sont que des *accusations* contre elles-mêmes. Pour ne pas changer de vie, il est plus facile de dire que l'on ne croit pas au Secret, ou bien qu'il est exagéré, que le mal n'est pas si grand ; que la Très-Sainte Vierge n'a pas pu se plaindre du sel de la terre, etc., etc. Ces raisonnements-là on devrait me les laisser faire à moi, ignorante comme je suis ! Mais ils me semblent honteux dans la bouche des personnes tant soit peu doctes, sinon pieuses. Que nous dit l'Ecriture Sainte, l'Ancien et le Nouveau Testament ? Comment parle-t-elle du prêtre ?... Qui a demandé le crucifiement de notre doux Sauveur ?... Les hérésies, par qui ont-elles commencé ?... En 93, quelles furent les premières personnes qui adhérèrent à la disparition de la monarchie ? etc., etc. Quelles sont les personnes qui allaient contre l'Infaillibilité du Pape ?... Et aujourd'hui, qui sont ceux qui se récrient contre le Secret de la Vierge Marie ?... Le Sel de la terre !... » (1)

---

(1) *Notre-Dame de la Salette et ses deux Elus.*

XVI

Dons prophétiques de Mélanie.

Après ce qui vient d'être lu, on peut aisément comprendre l'exaspération de la multitude superbe des ecclésiastiques même honorables, surtout honorables, mais contempteurs des exigences de la Sainteté ou de l'Héroïsme.

Il ne serait pas hors de propos de rappeler ici l'admirable formule du philosophe Blanc de Saint-Bonnet : « Le clergé saint fait le peuple vertueux, le clergé vertueux fait le peuple honnête, le clergé honnête fait le peuple impie ». En sommes-nous encore seulement au clergé honnête ? On a pu se le demander en 1789. Pourquoi pas aujourd'hui ? Il me semble qu'après tant de grâces et tant de crimes, le collier de malédictions doit être infiniment plus somptueux. Pourquoi n'en serions pas au diabolisme tout pur ? Il est bien certain, il est d'observation facile et directe que le seul nom, *je ne dis pas,* de la Salette, mais du Secret de Mélanie, ou simplement le nom de Mélanie tout court suffit, en France, pour agiter les séminaires et les sacristies, pour déséquilibrer un grand nombre de nos évêques. Il a plu à Marie de se servir d'une petite bergère pour épouvanter de puissants pasteurs, comme si elle eût été un molosse devant des loups fort timides. *Et ridebit... Et subsannabit.*

Alors quoi ? C'est donc bien vrai que nous sommes des maudits ? S'il ne s'agissait que d'une imposture aisément ou malaisément démontrable, il n'y aurait pas tant de vacarme. Mais il est prouvé infiniment et indiscutablement, par des miracles de guérisons, par des miracles de conversions, par des miracles de prophéties, que c'est la Mère de Dieu, la Mère de la Vérité éternelle qui a parlé de Sa Bouche et voilà ce qui ne peut pas être supporté. (1)

Ces bergers si obstinés dans leurs témoignages et dont il n'y avait pas moyen de « plomber » les lèvres, il ne suffisait pas de faire croire qu'ils étaient des âmes perdues, mille fois indignes de la grâce inouïe qu'ils reçurent, dont la mission, d'ailleurs, était bien finie depuis le Discours public ; il fallait surtout

---

(1) — L'Evangile est-il fermé, oui ou non ? me demandait, il y a plus de 25 ans, un assomptionniste fameux, ennemi des prophéties et des illuminations exceptionnelles. — Moins que vous, mon cher père, lui répondis-je. Ce n'était pas très-spirituel, mais on fait ce qu'on peut, dans le dernier carré.

cacher, en même temps que leurs vertus, leur don surhumain de *prophétie*, ce qui était fort difficile.

En mars 1854, — on est prié de remarquer la date — Mélanie annonçait déjà les Prussiens, les désignant par leur nom, et l'incendie de Paris. Résumant le règne de Napoléon III en trois mots : *Hypocrisie, Ingratitude, Trahison*, l'empereur, pour elle, était « l'hypocrite, le fourbe, l'ingrat, le misérable, le cynique, le traître, le persécuteur de l'Eglise et du Pape, détrônant Dieu pour couronner le démon ! » Non contente de ce langage, elle se livrait à des actes étrangement significatifs. On sait qu'elle quitta le couvent de la Providence à Corenc, en 1854, pour être envoyée en Angleterre ; or, après son départ, on remarqua ces mots qu'elle avait gravés dans le bois de son pupitre à l'aide d'un canif : « Prussiens 1870 ». Encore à Corenc, la maîtresse de classe lui donna, un jour, une carte de France à étudier. La pauvre enfant se mit à pleurer et *biffa d'un trait l'Alsace et la Lorraine*. Le 28 novembre 1870, après les désastres, elle écrivait à sa mère : « Il y a 24 ans que je savais que cette guerre arriverait ; il y a 22 ans que je disais que Napoléon était un fourbe, qu'il ruinerait notre pauvre France. »

Dans d'autres admirables lettres, elle explique ce qu'elle appelait sa « Vue » (1). Elle avait réelle-

---

(1) « Depuis l'Apparition, dit l'abbé Félicien Bliard, la Bergère a toujours conservé une *vue claire et distincte* de toutes les parties du Secret, bien qu'il soit d'une grande étendue et fort complexe ; elle a gardé *le souvenir fidèle de toutes les paroles* de la Très-Sainte Vierge et *l'intelligence de tout ce qu'elle a entendu.* En même temps

ment la vision actuelle et universelle des choses futures « et tout cela dans une seule parole qui s'échappe des lèvres de Celle qui fait trembler l'enfer, la Vierge Marie ». « ... Je trouve très-difficile de rendre une chose qui n'a pas de comparaison... Quand la Sainte Vierge me parlait, je voyais s'exécuter ce qu'elle disait ; je voyais le monde entier, je voyais l'œil de l'Eternel ; c'était un tableau en action ; je voyais le sang de ceux qui étaient mis à mort et le sang des martyrs ». « ... *La Sainte Vierge,* EN UN SEUL MOT, *peut dire et faire comprendre de quoi écrire pendant cent ans...* Elle prononçait toutes les paroles, soit du Secret, soit des Règles, et je pouvais deviner ou pénétrer tout ce qu'elles impliquaient. Un grand voile était levé, les évènements se découvraient à mes yeux et à mon imagination, à mesure que parlait Marie et, devant moi, se déroulaient de grands espaces ; je voyais les changements de la terre, et Dieu, immuable dans sa gloire, regardait la Vierge

---

que la Vierge parlait à la petite Bergère, celle-ci était élevée à une sublime vision dans laquelle elle *voyait* clairement tout ce qui lui était dit. Et pendant un quart de siècle, rien ne lui a échappé, tout est resté fidèlement gravé dans son esprit. De là cette connaissance si assurée qu'elle semble avoir de l'avenir. Dans les longs entretiens que j'ai eus avec elle, j'ai été frappé de la lucidité, de la précision, de la fermeté inébranlable de ses idées. En la ramenant sur le même sujet, je la trouvais toujours semblable à elle-même, sans ombre d'hésitation. Du reste, elle est sobre de paroles et je l'ai trouvée admirable de simplicité, de candeur et de prudence. Lorsque, dans nos conférences, je touchais à des points qu'elle ne doit pas encore découvrir, j'avais lieu d'admirer son silence ou l'adresse avec laquelle elle savait éluder toute réponse. »

qui s'abaissait à parler à deux points. » (Elle et Maximin) (1).

En 1871, elle écrivit à Thiers, le priant, l'adjurant d'enlever la statue de Voltaire dont la présence dans Paris était, à ses yeux, un épouvantable danger pour la France entière. Elle ajoutait que si le gouvernement ne faisait pas observer les Commandements de Dieu, les châtiments arrivés déjà ne seraient rien en comparaison de ceux à venir. On pense l'accueil qui dut être fait à cette lettre par l'octogénaire funambule.

---

(1) *Notre-Dame de la Salette et ses deux Elus.* La correspondance de Mélanie (160 lettres) donne à ce livre un intérêt extraordinaire et surnaturel. On a comme la sensation d'avoir heureusement escaladé la Montagne des Prophètes qui est « au-dessus du globe de la terre », d'après Anne-Catherine Emmerich.

XVII

Dons prophétiques de Maximin.

Quel homme a été plus vilipendé que Maximin ? Ceux même qui lui devaient tout et qui l'ont laissé périr de misère dans leur voisinage, les prétendus Missionnaires abusèrent horriblement de leur prestige sacerdotal pour déshonorer ce pauvre qui les avait enfantés, qui les avait vêtus et nourris, qui leur avait donné ses montagnes et son ciel et le Paradis dans le cœur, s'ils avaient voulu ! (1) On sait que les vrais chrétiens sont les plus désarmés des hommes, puisque la Charité et l'Humilité les empêchent

---

(1) L'ancien maire de Corps, M. Barbe, a, dans ses mains, un billet de 200 fr. (je crois) que Maximin avait empruntés aux Missionnaires pour ne pas mourir de faim. Il l'a retiré après la mort de Maximin, l'a payé afin d'avoir cette preuve de leur dureté et de leur avarice. M. Barbe, à qui j'ai écrit vainement pour avoir une photographie de ce document, vit-il encore ?

CHAPITRE XVII

de se défendre. Mélanie « aventurière », Maximin « ivrogne », épithètes indécollables ! On a vu des pèlerins épouvantés de l'avenir éternel de cet Alexis dans le réduit de la maison de sa Mère.

Or voici le témoignage de Mélanie : « Bon et loyal Maximin !... Je crois qu'il a beaucoup souffert et toujours en silence ; en vérité, je suis couverte de confusion quand je vois combien je suis éloignée de sa vie toute cachée en Dieu ; et, si je parviens à arriver au ciel, je ne toucherai pas même les chevilles de ses pieds. Souvent je le prie de m'obtenir cette générosité d'âme qui me serait si nécessaire... Je vous remercie beaucoup de la précieuse photographie du bon Maximin, je l'ai reconnu à ses yeux candides et innocents. Je pense toujours à lui et à tout ce qu'il a souffert avec une extraordinaire patience, avec ce grand esprit de foi qui lui faisait voir Dieu en tout ou les instruments de Dieu dans les personnes qui le faisaient souffrir... » *Virginitate clarâ floruit*, fut-il dit à ses funérailles. « Pas de *De Profundis* sur sa tombe, il n'en a pas besoin ; chantons le *Gloria Patri* et le *Te Deum*, il lui en surviendra un surcroît de gloire au ciel où il habite ». C'est Mélanie qui parle encore.

Maximin, lui aussi, avait vu, longtemps à l'avance, le péril prussien : « L'Italie *une,* écrivait-il en 1866, est l'ennemie de la France comme le poison est l'ennemi de l'homme. Tous les Français qui ont du sang dans les veines devraient voler au secours de Rome et abattre l'unification italienne comme on abat une vipère. Les Prussiens qui n'ont d'affinité avec les Italiens que par leur haine contre la religion de Notre Seigneur Jésus-Christ, s'uniront, un jour, à eux pour nous punir de ce que nous n'avons pas été fidèles à notre droit d'aînesse de défendre et de protéger en tout et partout la Religion et la Papauté... J'ai grand peur que notre ferveur pour l'Italie et nos complaisances pour la Prusse ne se tournent bientôt contre nous, et ce jour n'est pas loin ».

Le 29 juillet 1851, Maximin avait dit à un personnage absolument digne de foi, M. Dausse, ingénieur à Grenoble, qui a laissé des *Souvenirs* curieux : « Quand Paris brûlera, il y aura *quatre rois* autour », ce qui s'est réalisé à la lettre. (Les rois de Prusse, de Bavière, de Wurtemberg et de Saxe).

Le même ingénieur raconte aussi que, avant la guerre de Crimée, — en 1854 — M. Michal, curé de Corenc, affirmait, en présence de Maximin, que l'Empereur, dans une réunion diplomatique aux Tuileries, avait quitté son trône pour tendre la main à l'Ambassadeur de Russie, que, de là, naturellement, l'opinion s'était accréditée qu'il n'y aurait pas guerre avec cette puissance. « Alors, poursuit le narrateur, Maximin vient se mettre devant lui, les bras croisés et répond carrément : — *Eh ! bien, moi, je vous dis qu'il y aura guerre avec la Russie !...* »

Autre fait plus étonnant. Maximin se trouvant sur la Montagne, le 18 ou 19 septembre 1870, on parla de la prédiction de Mélanie : *Paris sera brûlé.*

L'un des assistants donna aussitôt l'explication naturelle : « Ce sera par les Prussiens ». — *Non, non,* répliqua Maximin, *ce n'est pas par les Prussiens que Paris sera brûlé, c'est* PAR SA CANAILLE.

Le 4 décembre 1868, Maximin était reçu à l'Archevêché de Paris, Mgr Darboy, si admirablement domestiqué par l'Empereur, comme on sait, ayant désiré le voir. L'entrevue, racontée par Maximin, fut assez longue. Sa Grandeur qui, sans doute, avait espéré contraindre le berger à lui dévoiler son secret, parla de manière à scandaliser profondément son auditeur qui avait été *zouave pontifical*, accusant la Sainte Vierge d'exagérer les égards qu'on doit à la Papauté et de n'avoir fait que des prophéties de hasard. — « Moi aussi, je ferais bien des prophéties de cette force-là ! » osa dire cet archevêque. Enfin, s'exaspérant jusqu'au blasphème : — « Après tout, qu'est-ce qu'un discours comme celui de votre prétendue Belle Dame ? Il n'est pas plus français qu'il n'a le sens commun... Il est stupide, son discours ! Et le Secret ne peut être que stupide... Non, je ne puis, moi, archevêque de Paris, autoriser une dévotion pareille ! »

Maximin, humilié pour ce prince de l'Eglise qui s'oubliait tellement devant lui, voulut que Notre Dame de la Salette eût le dernier mot. — « Monseigneur, répondit-il avec force, il est aussi vrai que la Sainte Vierge m'est apparue à la Salette et qu'elle m'a parlé, qu'il est vrai qu'en 1871, vous serez fusillé par la canaille ». Trois ans plus tard, à la Roquette, on assure que le prélat, prisonnier, répondit à des personnes qui voulaient faire des tentatives pour le sauver : — « C'est inutile, Maximin m'a dit que je serais *fusillé.* »

Le célèbre avocat de la Salette, Amédée Nicolas, raconte ce fait dont il fut témoin sur la Montagne, en août 1871 : « Un savant professeur de théologie et son ami, curé dans une grande ville, étaient venus à la Salette, avec une douzaine d'objections préparées et étudiées d'avance, pour les proposer à Maximin, lorsqu'il quitterait son échoppe, pour venir, sur la demande des pèlerins (qui le préféraient aux missionnaires), faire le récit du Miracle. Lorsque Maximin eut achevé, le professeur proposa la première objection. Maximin se borna à dire : « Passez à la seconde ». De même pour les seconde, troisième et quatrième. A la cinquième, il répondit en quelques mots. Cette réponse fit aussitôt crouler les cinq objections et cet écroulement entraîna celui des sept autres. Voyant cela, ce professeur et ce curé nous dirent à nous-mêmes, car nous étions à côté d'eux : « Ce jeune homme est toujours dans sa mission ; il est assisté par la Sainte Vierge, aujourd'hui comme aux premiers jours ; c'est évident pour nous. Aucun théologien, fût-il le plus savant du monde, n'aurait pu faire un pareil tour de force. Tout cela est certainement surhumain. Il nous a mieux prouvé le Miracle qu'il n'eût été possible de le faire par les plus fortes démonstrations. » (1)

---

(1) *Défense et explication du Secret de Mélanie.* Nîmes, 1881.

CHAPITRE XVII

La vie de Maximin a été des plus accidentées. Après avoir passé quelques années dans un séminaire, il fut soldat, puis étudiant en médecine. Mais il échoua partout et se vit réduit à servir des ouvriers pour vivre, gagner sa vie.

Se trouvant à Paris dans le plus grand dénûment, il engagea un de ses vêtements au Mont-de-Piété. Un jour, à bout de ressources, et n'ayant plus rien à manger, il entre à Saint-Sulpice et va s'agenouiller devant l'autel de la Sainte Vierge. « J'ai bien faim, dit-il, ma bonne Mère, vous allez donc me laisser mourir de faim ? Et pourtant, tout ce que vous m'avez commandé, je l'ai fait. J'ai fait passer à tout votre peuple les graves et solennels avertissements que vous êtes venue apporter. Encore quelque peu et je vais tomber d'inanition. Si vous ne voulez pas me tirer de la misère où je suis, alors je vais m'adresser à votre époux saint Joseph qui, lui, aura bien pitié de moi ! »

Affaibli par un jeûne prolongé, il ne tarde pas à s'assoupir. Un homme qu'il ne connaissait pas le réveille, l'invite à le suivre chez un restaurateur et lui fait servir un copieux repas. Quand il est rassasié, l'inconnu paye le maître d'hôtel et dit à Maximin d'aller au Mont-de-Piété retirer l'habit qu'il y a engagé. Il ajoute qu'il trouvera dans la poche de cet habit un billet qui le mettra à l'abri de la misère. Aussitôt il disparaît. Maximin n'a jamais su qui était cet homme. Comment cet inconnu savait-il qu'il avait engagé son habit au Mont-de-Piété ? Comment savait-il qu'il y avait dans la poche de cet habit un billet assurant l'avenir de Maximin ? Ce dernier, ne pouvant expliquer naturellement une chose aussi extraordinaire, a toujours cru que cet étranger était saint Joseph.

Docilement, Maximin se rend au Mont-de-Piété et trouve, en effet, dans la poche de son habit, un *testament* qu'une personne charitable avait fait en sa faveur. Par ce testament on lui offrait de le recevoir dans une famille et on lui laissait quinze mille francs pour subvenir à ses besoins. Comment ce testament se trouvait-il dans la poche de l'habit de Maximin ? Il ne le sut jamais. Mais quelle était la valeur de cet écrit ? Maximin le montra à un notaire qui le trouva en bonne forme et fit les diligences nécessaires. On lui versa donc quinze mille francs avec lesquels il entreprit un commerce de bestiaux où il se ruina. (1) Sa mission exigeait qu'il vécût et mourût dans l'indigence. Combien d'autres histoires du même genre !

J'entends d'ici le chœur immense des voix sacristines : « La *sainteté* de Mélanie et de Maximin, et leur état de *prophètes* ! Mais, monsieur, cela renverse toutes nos idées ! On ne nous fera pas croire que tant de bons chrétiens, tant de vénérables pasteurs, depuis tant d'années, n'en aient rien su et qu'une légende contraire ait pu s'établir ! Cette sup-

---

(1) *Mélanie, Bergère de la Salette et le cardinal Perraud*. Paris, Chamuel, 1898.

position est déraisonnable. » Cela me remet en mémoire la belle réponse du commis-voyageur à qui on parlait du Palais des Papes à Avignon : « Quelle bonne blague ! S'il y avait eu des papes à Avignon, *ça se saurait*! » Eh ! sans doute. Ça se sait même un peu, mais c'est une règle sans exception que, pour savoir, il faut s'instruire avec la candeur d'un enfant et l'humble bonne volonté de ces autres *pasteurs* à qui les anges de Noël promirent autrefois « la paix sur la terre ». « *Invenietis* infantes, *pannis* involutos *et* positos *in præsepio* ». (1)

L'ignorance, coupable ou non, du plus grand fait de l'histoire moderne et de sa conséquence immédiate, à savoir l'éminente sainteté des deux Témoins, n'empêchera pas ceux-ci de continuer leur mission du fond de leurs tombes que l'Eglise, un jour, nommera peut-être miraculeuses. *Defuncti adhuc loquuntur*. Cette ignorance, monstrueuse dans tous les cas, n'empêchera pas non plus l'espérance de quelques âmes, ni les centaines de millions de bras tordus par le désespoir, à l'heure marquée.

On se rappelle que le Secret de Mélanie a été publié en 1879, avec l'*imprimatur* de Mgr Zola, évêque de Lecce. Cette formule latine, significative, pour la sainte fille, de tant d'amertumes, de tribulations

---

(1) Je demande pardon pour la liberté que j'ai l'air de prendre avec le texte de saint Luc, mais il m'est impossible de ne pas me souvenir de Noël, quand je pense aux deux sublimes enfants pauvres sur leur Montagne.

et de combats, resta dans sa mémoire, étrangement et profondément.

« Puisqu'on ne veut pas du Message, remède à nos maux, la divine Justice vengera l'ingratitude des hommes et *donnera l'*Imprimatur aux fléaux annoncés par la Reine des Anges » !!! Ainsi s'exprimait la Bergère de la Salette, le 23 mai 1904.

XVIII

Les Evêques de Grenoble a Soissons.

Oh ! le beau livre à faire ! Démontrer méthodiquement l'identité absolue du Discours public avec le Secret de Mélanie et l'éternelle impossibilité de les séparer, de manière à faire éclater l'unité profonde et magnifique de la Révélation du 19 septembre. Sans doute, en ces choses qui sont de Dieu, l'évidence parfaite est inespérable, mais ne serait-ce pas beaucoup d'entrevoir au moins ceci : que le Discours et le Secret se renversent l'un dans l'autre continuellement, comme une figure dans son miroir, comme l'Invisible dans le Visible, comme le Créateur dans la Créature ?...

C'est inconcevable que ce travail n'ait pas été fait encore. J'y ai bien pensé et je le ferai peut-être un jour, si Dieu m'aide. Mais, sans parler de mon insuffisance qui est à faire peur, il est certain qu'ici une telle étude semblerait un hors-d'œuvre monstrueux. Songez qu'il faudrait faire intervenir Isaïe, « le voyant des choses futures pour la consolation de ceux qui pleurent sur la Montagne (1) » ; Isaïe, en son XXIVe chapitre où il parle du « *Secret* de Dieu, si redoutable à quiconque en est le dépositaire, et de la prévarication des transgresseurs. » Ce chapitre, écrit, il y a vingt-six siècles, est un écho merveilleusement anticipé du Secret de Mélanie et le Discours public de la Salette fait entendre cet écho, tout à fait imperceptible sans lui. C'est le sens de la dernière parole de Marie : **Faites-le passer à tout mon peuple.** Faites-le passer, au moins, aux générations de vingt-six siècles.

Encore une fois, je ne me charge pas de cet immense labeur d'interprétation qui exigerait, je le crains, l'intelligence miraculeusement illuminée d'un saint. Mais c'est quelque chose de pressentir cette concordance colossale et d'en avertir les humbles qui cherchent Dieu amoureusement (2).

---

(1) *Ecclésiastique,* XLVIII, 27.

(2) Où n'entraînerait pas un tel travail ? Il faut une longue étude des Livres Saints pour savoir combien il est difficile de trouver son chemin dans la forêt toujours vierge des Assimilations. Exemple : Le Discours parle des **noix** qui **deviendront mauvaises.** Or, la Vulgate les nomme exactement *six* fois, cinq fois dans l'*Exode,* où elles prêtent leur forme aux bobèches du Chandelier du Tabernacle, et une seule fois dans le *Cantique des Cantiques,* lorsqu'il est question de Marie qui descend dans son jardin : « Qui est Celle qui vient, se levant comme l'aurore, belle comme la lune, élue comme le soleil, terrible comme l'armée des

CHAPITRE XVIII

La réalité du Secret de Mélanie n'est pas niable, puisque même ceux qui **n'en font pas de cas** sont forcés, chaque jour, à l'endroit précis où la Sainte Vierge s'est montrée, de confesser qu'Elle a donné un secret à chacun des deux bergers et d'alléguer, en même temps, on ne sait quoi pour expliquer leur inexcusable incrédulité.

C'est accablant de penser que, depuis que le Secret de Mélanie est connu, à savoir depuis quarante ans, il ne s'est pas rencontré sur le siège épiscopal de Grenoble, un *seul* pontife capable de sentir l'honneur inexprimable d'être chef d'un diocèse où la Mère de Dieu a daigné prophétiser Elle-même ; confiant, pour toute la terre, à deux enfants de ce diocèse incroyablement privilégié, le Message inouï de l'Impatience divine à son dernier terme et l'annonce, — conditionnelle, sans doute, mais pour quel délai ? — du dernier Déluge !

J'ai appris avec stupéfaction, — persuadé que certain rôle n'était plus tenable — que le titulaire actuel, Mgr Henry, a, tout dernièrement, à la Salette même, exprimé publiquement des doutes sur le Secret, *demandant des preuves* !!! des affirmations explicites et formelles de la Cour de Rome, comme si les approbations, les ORDRES même de Pie IX et

---

osts ordonnée ? Je suis descendue dans le jardin des *noix*, afin de voir les pommes des vallées, et pour regarder si la vigne était en fleur et si germinaient les grenades ». Cant. VI, 9 et 10. Ce Texte, lu à la Salette, par un chrétien attentif, pourra lui sembler un peu formidable.

de Léon XIII ne suffisaient pas ! (1) Quelle honte ! Il est absolument impossible que Mgr Henry ne connaisse pas toute cette histoire, c'est-à-dire la désobéissance épouvantable de son prédécesseur Fava dont la fin devrait le faire trembler. Il ne peut pas ignorer le mensonge constant des opposants et leur diabolique esprit de calomnie contre une *stigmatisée* qu'il sera forcé, un jour, — si Dieu permet qu'il vive — de faire honorer par tous ses prêtres. Il est donc

---

(1) C'était le *14 juillet* 1907. Mgr Henry parlait, du haut de la chaire de la Salette, à plus de mille pèlerins : « Vous êtes venus en foule... *en cette Fête nationale et* Mariale !!!? » leur disait-il, signifiant ainsi une sorte de plain-pied festival entre les assassins de la Bastille et Notre Dame des Sept Douleurs.

« ... Monseigneur expose ensuite le Fait de la Salette... *Il distingue avec soin le Message public et le Message secret.* Les enfants reçurent l'ordre et la mission de « faire passer le premier à tout le peuple de Marie », c'est à dire au monde entier (Ce que la haine n'a pas permis) ; le second n'était destiné qu'aux Bergers eux-mêmes (Démenti épiscopal à la Sainte Vierge qui avait dit à Mélanie : **Vous pourrez le publier en 1858**) qui, parfaitement conscients de cette distinction nécessaire (?) et toujours prêts à redire le Discours de la Belle Dame, ne consentirent, après cinq ans de silence et de réserve absolue, à révéler leurs Secrets qu'au Pape seul. A ce propos, Sa Grandeur met en garde les fidèles contre tous les écrits et commentaires fantaisistes qui circulent et prétendent reproduire le « Secret de Mélanie ». (*Reproduction* bénie par Pie IX, approuvée par plusieurs évêques, encouragée, 25 ans, par le silence de Léon XIII. Mais cela ne suffit à aucun évêque de Grenoble). Encore une fois, le Pape seul a pris connaissance de ce secret en 1851 ; et *rien ne prouve (!!!!)* que les élucubrations publiées récemment soient conformes au texte primitif... L'Evêque de Grenoble attend que Rome ait parlé. (Toujours même tactique du Démon. Si Rome parlait, on lui répondrait comme Fava : « Prouvez-moi que vous avez raison. »)

Annales de Notre-Dame de la Salette, août 1907.

CHAPITRE XVIII

en état de prévarication caractérisée, *sciens et prudens*, ennemi sagace et déclaré de la Mère de Dieu. Sa seule excuse — combien misérable ! — serait la pusillanimité, l'indécision invincible, l'irrésolution chronique, le lanternement sempiternel.

Le jour même de sa prise de possession, cet évêque de Grenoble — de Grenoble ! — disait : « A cette heure, la difficulté n'est pas de faire son devoir, mais de savoir où il est ». Parole que reprenait l'évêque d'Orléans, le 26 août 1902, à Notre-Dame de la Délivrande : « Il est toujours facile de faire son devoir, il est plus difficile de le connaître ». Une analogie fera comprendre l'énormité de cette reculade.

En mars 1814, la France, piétinée, violée, dévorée par six cent mille soldats étrangers, allait être délivrée par Napoléon. Une stratégie divine à laquelle peuvent être comparés seulement les plus grands prodiges d'Annibal, allait tout sauver. L'atroce Blücher était entre les deux mâchoires de l'étau où l'homme d'Iéna et de Montmirail allait broyer ses soixante mille Prussiens. Par la volonté de Dieu, le manque de volonté d'un seul homme fit manquer la plus belle de toutes les victoires.

Ce général Moreau, ce désolant capitulard de Soissons, n'était pourtant pas une âme vendue, ni un soldat sans courage, on l'a dit du moins. C'était simplement un médiocre, un imbécile sans résolution ni fierté, qui pensa qu'il y avait mieux que d'obéir, et dont la vile prudence fut un arrêt de mort pour des multitudes. Celui-là, aussi, se demanda où était son devoir, oubliant la consigne qu'il n'avait qu'à exécuter rigoureusement, dans les termes de l'Ordonnance sur le service des places de guerre, c'est-à-dire « en épuisant tous les moyens de défense, *en restant sourd aux nouvelles communiquées par l'ennemi et en résistant à ses insinuations comme à ses attaques.* » Le décret impérial de 1811 portait cette instruction quasi prophétique : « Le gouverneur d'une place de guerre doit se souvenir qu'il défend l'un des boulevards de notre royaume, l'un des points d'appui de nos armées et que sa reddition, *avancée ou retardée d'un seul jour*, peut être de la plus grande conséquence pour la défense de l'Etat et le salut de l'armée ». « Quand un soldat commence à se demander *où est son devoir*, dit, à ce propos, l'excellent historien Henry Houssaye, il est bien près de n'écouter plus que son intérêt. »

La Salette est probablement le dernier boulevard du Christianisme, et voilà quarante ans que cette forteresse capitule !

XIX

Sacerdoce profitable. Vanité des œuvres en pleine désobéissance. Chatiments. Ténèbres.

Le secret de l'hostilité sacerdotale contre le Secret de Mélanie, c'est qu'il faudrait, l'acceptant, renoncer au *sacerdoce profitable*, dire adieu au casuel, aux tarifs, aux *classes*, à l'exécrable son de l'argent dans les églises. En supposant même un clergé d'une pureté de mœurs admirable, où est le prêtre qui oserait déclarer un degré quelconque d'horreur pour ce trafic des « vendeurs de colombes » et des « changeurs », dans la Maison du Père ainsi transformée en une « caverne de brigands » ? Car telle est la précision du Texte évangélique. Où est le curé de paroisse qui oserait donner aux Amis de Dieu, aux va-nu-pieds qui lui sont si chers, la première place, en reléguant les riches avec leurs prie-Dieu capitonnés, au bas de l'église, le plus loin possible de l'autel ? *Sancta sanctis, non canibus.* Cet audacieux serait aussitôt dénoncé par tous ses confrères et sévèrement blâmé par l'autorité diocésaine (1).

Il s'agit bien de chérir la pauvreté et l'humiliation ! La *lettre* de l'Evangile n'engage personne. Elle pouvait convenir aux premiers Apôtres ou à quelques moines poussiéreux du onzième siècle ; elle ne vaut rien pour des sulpiciens que l'*esprit* a vivifiés et qui sont forcés d'aller dans le monde. Puis il est toujours facile de tourner en *conseil* de perfection le *précepte* vraiment excessif de tout haïr, de tout quitter, de tout vendre, pour devenir les disciples et les compagnons de Jésus-Christ.

La Sainte Vierge ayant parlé fortement du clergé : dans le Discours, d'abord, d'une manière très-enveloppée ; dans le Secret ensuite, explicitement, (2) il a bien fallu que le « cloaque » protestât — à la manière des cloaques, en exhalant l'asphyxie. Le monde chrétien ne respire plus. En 1846 tout était déjà perdu. Un remède unique, surnaturel, fut

---

(1) Les prie-Dieu capitonnés. Prévarication dénoncée par saint Jacques, II, 2, 3, 4.

(2) **Les chefs, les conducteurs du peuple de Dieu ont négligé la prière et la pénitence ..** 5ᵉ paragraphe du Secret.

Ceux qui conduisent les charrettes, est-il dit dans le Discours. Ce rapprochement saisira les personnes habituées au mystère des concordances. « Ceux qui conduisent les charrettes » ne sont-ils pas évidemment les prêtres qui **ne savent pas parler sans mettre le nom de mon Fils au milieu ?** *Pater mi, pater mi, currus Israël, auriga ejus.* IV Reg. II, 12, XIII, 14.

apporté d'en haut par la Mère de Dieu qui pleurait. Le « Père de famille, planteur de la Vigne et constructeur de la Tour », pouvait-il bien croire que cela ferait quelque chose ? La Sagesse éternelle pouvait-elle se dire : *Verebuntur Matrem meam* ? La fumée du cloaque étouffa cette Révélation, si parfaitement que les bons prêtres eux-mêmes, trompés depuis deux générations de prêtres, avouent leur ignorance du remède. Dès lors, comment dire suffisamment la vanité des œuvres accomplies en pleine désobéissance?

« On ira à la Salette », écrivait un excellent prêtre, « on ira à Lourdes, à Paray-le-Monial, à Rome, à Jérusalem, etc., en chantant : « Sauvez Rome et la France ! » On ne fait que cela depuis trente et quelques années. On inventera des pèlerinages d'hommes et même de prêtres. On organisera des congrès de la Sainte Vierge, des congrès eucharistiques, des ligues de l'*Ave Maria*, des neuvaines, etc. Et le ciel restera d'airain. Tout sera d'une parfaite insignifiance pour apaiser Dieu irrité, parce que, en somme, *on vit à sa guise* et que, pour ne pas entendre les reproches de sa Mère, on piétine son Message. »

Laissons parler Mélanie : « ... Il me semble que depuis longtemps, je donne un petit coup de cloche pour avertir les humains que *nous allons au-devant des tristes et lugubres évènements du règne de l'Antechrist*. La foi n'est-elle pas éteinte ? — Non, nous dira quelqu'un. — Si la foi n'est pas éteinte, qu'elle montre ses œuvres, car la foi marche de pair avec les œuvres. — Mais, répondra-t-on, on fait des pèleri-

nages ; il se fait un grand nombre de bonnes œuvres.
— Soit, le peuple français est naturellement porté aux choses *extérieures* ; mais si ces pèlerinages ont été faits en expiation, pour fléchir la juste colère de Dieu, lui demander pardon, etc., s'est-on vêtu de sacs et couvert de cendres, par une sincère pénitence ? — Non ! — A-t-on au moins laissé de côté ces modes diaboliques et indécentes ? etc. — Rien de tout cela ! Après avoir visité les Lieux Saints, les Sanctuaires, on fréquente les théâtres, comme auparavant... On pourrait compter les élus, les âmes foncièrement chrétiennes ; les autres ne peuvent se compter. *L'apostasie est à peu près générale.* L'Antechrist n'aura pas grand peine à établir son règne en Europe ; ceux qui, à cette heure, gouvernent la France, le lui préparent sans rencontrer d'obstacles. Pauvre France !... En attendant, elle rit, elle s'amuse, parce qu'elle ne croit pas à une vie meilleure ; parce qu'elle n'a pas la foi, mais simplement *la vanité de la foi,* en feignant la religion, en se faisant inscrire Directrice ou Zélatrice ou Présidente de telle ou telle confraternité. » Cette lettre est du 28 novembre 1887.

Un an auparavant, alors que beaucoup de journalistes s'agitaient, elle avait écrit déjà : « ... Il est inutile de nous donner du mal pour chercher à deviner *quel sera le prince qui montera sur le trône de France.* Si l'on ne connaissait pas le Secret, l'on serait pardonnable : **Pour un temps, Dieu ne se souviendra plus de la France ni de l'Italie.** On s'est révolté contre Dieu et contre sa douce loi : nous serons gouvernés par une verge de fer, et des lois dures et odieuses nous seront imposées. Ceux qui nous gouvernent ne sont que des instruments dans les mains du Très-Haut. A mesure que les méchants avancent sur le terrain catholique, nous avons la lâcheté de reculer... Nous nous plions à toutes les exigences des ennemis de Dieu et des âmes. On proteste, me direz-vous ? Oui, on proteste ! ce n'est pas cher ! Les premiers chrétiens protestaient avec leur sang, avec leur vie. Allons ! nous ne sommes que des *ombres de chrétiens*, nous craignons plus les châtiments des hommes que les peines de l'Enfer. Croyez-vous que le bon Dieu donne un roi à la France avant de l'avoir justement et sévèrement châtiée ? Et après, serons-nous du nombre des vivants ? *Toutes les intrigues de certains prétendants au trône de France ne sont que des amusements d'enfants.* » (1)

« ... Un fait me cause la plus triste impression. C'est l'habitude *diabolique* de procurer des secours aux victimes d'un tremblement de terre, ou de toute autre catastrophe, en donnant des bals, des représentations de théâtre. *Je ne puis admettre que l'on ose recourir à un mal pour opérer un bien.* (2). Oh ! aveuglement de l'homme sans Dieu ! Et ceux qui agissent ainsi sont des chrétiens ! Je n'en saurais douter, nous sommes près de la grande guerre, c'est-à-dire de l'*avènement de l'homme de perdition, de l'Antechrist.*

---

(1) Il est inutile de faire observer l'*actualité* de cette page, écrite il y a plus de vingt ans.

(2) Léon Bloy. *Mon Journal.* « Lettre sur l'incendie du Bazar de Charité. »

Je le sais, personne ne consent à reconnaître une vérité qui épouvante, mais qui n'en est pas moins la vérité. *Notre génération marche vers l'Antechrist* DONT ELLE DOIT FAIRE LA RENCONTRE ; et les indifférents de refuser de croire et les impies de railler. Cela est ainsi. Malheur ! malheur ! malheur ! »

« ... Je suis glacée de frayeur en voyant la rage de l'enfer et des hommes, y compris les femmes infernales (*sic*) ; le feu et le sang y auront grand jeu. Que de massacres ! Que de tortures affreuses ! Oh ! les femmes sont terribles ! Pauvres prêtres qui tomberont entre leurs mains !... »

« **L'Eglise aura une crise affreuse,** ... Expulsion des curés de leurs presbytères, des évêques de leurs palais, poursuit la voyante ; fermeture et confiscation des églises ; massacres du clergé pires que sous la Terreur. Beaucoup seront tués par vengeance personnelle ; ceux qui auront faibli ne seront pas épargnés : le projet des maçons est de faire pécher les consacrés avant de les tuer ! Je vis que ces morts violentes étaient, en très-grand nombre, *tout autre chose que le martyre* ; que c'était la réalisation, dans toute son horreur, du mot « Malheur ! » de l'Ecriture... Vous ne voulez pas du Message de la miséricorde, vous repoussez la main tendue ; il n'y a plus rien à faire : **Dieu abandonnera les hommes à eux-mêmes... Ce sera le temps des ténèbres.** » (1)

---

(1) Une tradition porte que la France, après de longues iniqui-

XX

La femme courbée 18 ans, figure de la Salette. Marie parle. Jésus ne parlera donc plus ? L'Immaculée Conception couronnée d'épines, *stigmatisée*. Lourdes et la Salette.

Il y a dans saint Luc, évangéliste de Marie, un récit qui ne pourra jamais être lu avec assez d'attention et de respect :

« Jésus enseignait à la synagogue un jour de de sabbat. Vint une femme qui avait, depuis dix-huit ans, un esprit d'infirmité. Elle était inclinée, et ne pouvait absolument pas regarder en haut. Jésus

---

tés, à une époque qui ressemble à la nôtre, se réveillera, un matin, sans voir se lever le soleil. Plusieurs jours durant, elle demeurerait dans les ténèbres au milieu desquelles des spectres, sortis de l'enfer, viendraient tourmenter les vivants.

Il existe une prédiction analogue de la Vénérable Anna-Maria Taïgi, morte en 1837.

l'ayant vue, l'appela et lui dit : « Femme, tu es délivrée de ton infirmité ». Et il lui imposa les mains. Aussitôt elle se redressa et elle glorifiait Dieu. »

Il ne faut pas se lasser de redire que l'Evangile, aussi bien que l'Ancien Testament, est essentiellement parabolique, figuratif, prophétique, l'Esprit-Saint n'ayant jamais parlé autrement. Alors, qui est cette femme, possédée, dix-huit ans, d'un esprit d'infirmité ? Je ne vois que Marie pour identifier une telle figure.

O Marie ! Ma Dame de Compassion ! que venez-vous faire ici ?

C'est, en effet, le jour du sabbat, samedi, veille de vos Douleurs (1) Voilà précisément *dix-huit* siècles bien accomplis que vous êtes courbée et muette, l'Epoux qui vous possède bienheureusement étant lui-même, quoique Dieu, — par mystère impénétrable — un Esprit d'infirmité et de courbature, jusqu'à l'heure merveilleuse où Il nous enseignera toutes choses. Pendant *dix-huit* siècles vous avez gardé le silence, après avoir parlé six fois (2) seule-

---

(1) On sait que l'Apparition eut lieu un samedi, *le 19 septembre 1846,* veille, cette année-là, de la fête de N. D. des Sept Douleurs, et à l'heure des premières vêpres. C'était aussi le dernier jour des Quatre-Temps de septembre. Le matin même, la grande Liturgie fériale avait lu ces paroles du Lévitique : « C'est le jour très-fameux des Expiations et il sera appelé Saint... C'est le jour de propitiation pour vous réconcilier au Seigneur. Toute âme qui ne se sera pas affligée en ce jour périra ». Et bientôt après, à l'Evangile, *ô miracle !* l'histoire, précisément, de la Femme courbée depuis dix-huit ans, redressée par Jésus et glorifiant Dieu !!! *Missel romain.*

(2) Quatre fois dans saint Luc, deux fois dans saint Jean. Cha-

ment dans les Evangiles ! A la Salette enfin, et pour la septième fois, vous parlez avec une autorité si souveraine qu'après cela il ne peut plus y avoir que le Jugement universel et la combustion des mondes. Vous parlez ainsi parce que Jésus vous a délivrée, c'est ce que je lis dans l'Evangile, et vous glorifiez Dieu comme nul autre ne le pourrait faire. Cependant ce n'est pas encore votre victoire, puisque voici le « chef de la synagogue » suivi de beaucoup de prêtres qui s'indignent ensemble de ce que Jésus ait fait ce miracle un jour de sabbat, c'est-à-dire qu'il vous ait donné d'être leur juge. Il est étonnant, ce chef des « hypocrites » qui vous prend vos propres paroles, ô Mère de la Parole, pour condamner votre Fils en vous méprisant : « Il y a six jours pour travailler, dit-il... » L'Esprit-Saint est tellement uni à son Epouse que, si on savait lire, on trouverait la Salette à toutes les pages de l'Evangile.

La Révélation de la Salette, envisagée comme une rupture du silence de dix-huit siècles, offre, en même temps, la consolation et la terreur. Et je ne pense même pas ici, au *Message*, c'est-à-dire aux menaces et aux promesses. J'ai simplement en vue le fait inouï de la Sainte Vierge parlant *avec autorité* dans l'Eglise.

Je dis que ce fait est consolant, en raison du caractère de Celle qui parle, puisque l'Eglise l'invo-

---

que fois, Elle monte un des Six degrés du Trône d'ivoire de ce Salomon éternel, à la droite de qui est marquée sa place, au milieu des Douze Lionceaux de l'Apostolat. II Par. IX, 18 et 19.

que sous le nom de *Consolatrix* et, aussi, parce que c'est une sorte d'accomplissement, *sous nos yeux*, de la Troisième Parole de Jésus mourant. Mais il est, en même temps, terrible à cause du silence de ce même Jésus qu'il semble impliquer. Jésus et Marie ne parlent pas ensemble. Quand Jésus commence sa Prédication, Marie s'abîme dans le silence et, si Elle en sort aujourd'hui, est-ce donc à dire que Jésus ne va plus parler ? Voilà, ce me semble, un des côtés les plus obscurs de la Salette et l'un des moins explorés, probablement à cause de l'immense effroi qu'on y rencontre. Quelques écrivains ascétiques tels que le saint évêque de Lausanne, Amadée, et surtout, au dix-septième siècle, le Vénérable Grignion de Montfort, ont affirmé que le Règne de Marie est réservé pour les derniers temps, ce qui donnerait à supposer que notre Mère ayant enfin parlé en Souveraine, Jésus ne reprendra désormais la parole que pour faire entendre le redoutable Esurivi, *j'ai eu faim* (1), qui doit tout finir...

J'écris ceci le jour de l'Assomption. D'autres voient Marie dans la gloire, je la vois dans l'ignominie. J'ai beau faire, je ne me représente pas la Mère du Christ douloureux dans la douce lumière de Lourdes. Cela ne m'est pas donné. Je ne sens pas d'attrait vers une Immaculée Conception couronnée de roses, blanche et bleue, dans les musiques suaves et dans les parfums. Je suis trop souillé, trop

---

(1) Matth. XXV, 35 et 42.

loin de l'innocence, trop voisin des boucs, trop besoigneux de pardon (1).

Ce qu'il me faut, c'est l'Immaculée Conception couronnée d'épines, Ma Dame de la Salette, l'Immaculée Conception *stigmatisée*, infiniment sanglante et pâle, et désolée, et terrible, parmi ses larmes et ses chaînes, dans ses sombres vêtements de « Dominatrice des nations, faite comme une veuve, accroupie dans la solitude » ; la Vierge aux Epées, telle que l'a vue tout le Moyen-Age : Méduse d'innocence et de douleur qui changeait en pierres de cathédrales ceux qui la regardaient pleurer.

Les prêtres sont pour elle ce qu'ils sont pour Dieu et pour l'Eglise. Chacun d'eux représente Jésus-

---

(1) Quelques-uns ne manqueront pas de dire que je suis un ennemi de Lourdes. Hélas ! je donnerais facilement ma vie, Dieu le sait, et je consentirais à subir des tourments affreux plutôt que de décrier un sanctuaire où Marie s'est manifestée par des prodiges. Je sais, d'ailleurs, que le miracle de Lourdes, a été une *suite* du miracle de la Salette, comme l'arc-en-ciel est une suite de l'orage, et j'espère, un jour, le montrer beaucoup mieux que par cette image. Mais c'est le droit de tout chrétien d'avoir une préférence, un attrait particulier. Je crois même que c'est son devoir de le suivre, Dieu lui désignant ainsi son chemin.

« Je demande deux choses », écrivais-je, il y a quelques années : « 1° un chrétien bien portant allant à Lourdes pour y obtenir le bienfait de la maladie ; 2° un autre chrétien riche, guéri à Lourdes par le plus indubitable miracle, et revenant distribuer tout son bien aux pauvres. Tant que je n'aurai pas vu ces deux choses, je croirai que l'Ennemi a voulu profaner, par le Cabotinage, la Médiocrité et l'Avarice, le lieu unique où fut AFFIRMÉ celui de tous les Mystères qu'il doit le plus abhorrer : l'Immaculée Conception. »

La Vierge de Lourdes a recommandé la *pénitence,* objectera-t-on. On sait ce que c'est que la pénitence des gens du monde.

Christ et je la vois très-bien s'agenouillant devant eux comme elle s'agenouilla devant son Fils, lorsque celui-ci vint lui demander humblement la permission d'aller souffrir (1).

— Je vous en prie, leur dit-elle, mes très-chers enfants, ne méprisez pas mon Message. C'est mon dernier effort pour sauver le troupeau dont vous êtes les pasteurs et dont il vous sera demandé un compte sévère. Si vous ne lui dites pas que je suis venue et que j'ai pleuré sur lui avec amertume, si vous ne lui répétez pas *toutes* mes paroles, qui pourra les lui enseigner et comment serez-vous sauvés les uns et les autres ? Tout ce que j'ai dit à mes deux témoins, tout ce que je leur ai révélé pour le faire passer à tout mon peuple, est infiniment précieux et salutaire, et vous ne pouvez faire un choix sans me blesser à la pupille de l'œil, sans percer vos âmes...

Vous qui avez tant reçu de mon Fils, jusqu'à tenir sa divine place, vous qui devriez être si saints ! comment pouvez-vous ne pas pleurer avec moi en vous frappant la poitrine ? Comment avez-vous osé vous moquer de mes avertissements et empêcher les autres d'y croire ?... J'avais donné une Règle. Qu'en a-t-on fait ? C'est en vain que deux papes ont voulu la faire pratiquer. Mes chers Apôtres des Derniers Temps, mes doux fils bien-aimés, où sont-ils ? Je les avais choisis moi-même, triés avec soin, comme les grains de froment du Pain des Anges. Quelques-uns sont tout près de vous. Si je les nommais, à l'instant

---

(1) Marie d'Agreda.

vous les feriez souffrir... Par le Nom très-redoutable de votre Maître que vous forcez à descendre chaque jour, *je vous supplie d'avoir peur*...

— Que faudrait-il donc faire ? demandait à Mélanie un prêtre qui se disait « un peu comme saint Thomas ». — La pénitence des Ninivites, répondit-elle — Oh ! pour cela, non, nous n'avons ni la foi, ni la force de ce temps-là. — Eh ! bien, vous aurez les châtiments qui seront plus durs que la pénitence et, n'ayant pas de force, vous renierez Dieu.

— *C'est fait !* disent des voix d'En-Bas qui sont en train de monter et qu'on n'entend pas encore.

XXI

Profanation du Dimanche.

Tout le monde sait que le blasphème et le refus de sanctifier le Dimanche furent les deux grands reproches de la Salette, les deux accusations mortelles, **les deux choses qui appesantissent tant le Bras de mon Fils.** Là encore, disons-le en passant, la concordance du Discours public avec le Secret est flagrante, car il est dit dans ce dernier que **même les personnes consacrées à Dieu... prendront l'esprit des mauvais anges et qu'on verra l'abomination dans les lieux saints,** ce qui implique nécessairement l'absolu des profanations et des reniements supposés par ces deux effroyables crimes.

Encore une fois, je n'ai pas entrepris d'expliquer ni seulement de montrer ces profondes et divines conformités, dessein pour l'exécution duquel je suppose qu'il faudrait plus de lumière que Dieu n'en accorde habituellement aux écrivains qui ne sont pas des écrivains ecclésiastiques. Mais voici, bien à propos, un petit livre très-posthume de Paul Verlaine, *Voyage en France par un Français,* où se lit, contre le travail du Dimanche, une belle protestation de ce grand poète malheureux.

Ah ! je n'ignore pas que celui-là n'est pas, lui non plus, une autorité. Tant s'en faut ! On finira par savoir, dans le monde pieux, que Paul Verlaine a écrit les vers les plus beaux qui soient, à la louange de « sa Mère Marie », à la gloire de la Pénitence et du Saint Sacrement et qu'il est, en réalité, l'*unique* poète catholique depuis les inspirés du grand Hymnaire ; mais on y mettra le temps. Un demi-siècle environ pour l'élite de nos séminaires et cent ans au moins pour un tiers des autres, à partir de la mort de François Coppée qui ne paraît pas prochaine. Tout de même, le « pauvre Lélian », vers 1880, présenta, en prose, cette idée originale et forte que la loi du travail, ordinairement regardée comme une malédiction, est, au contraire, le « dernier et seul souvenir consolant du Paradis terrestre ». En lisant cela, j'ai cru voir la Porte si bien gardée s'entr'ouvrir.

Ah ! que c'est beau ! Ainsi Dieu, tout fâché qu'il fût contre l'homme et le condamnant à tout perdre, aurait employé cette ruse adorable de le flageller avec l'Espérance, de lui infliger comme châtiment ce qui devait être son réconfort et de le lier rudement par une chaîne de Dilection ! Du milieu de ses propres entraves beaucoup plus dures, il a vu cela, le lamentable Verlaine ! Il a vu ou entrevu que si le paresseux accomplit cet acte effrayant de couper la dernière amarre, le travailleur pervers, qui n'est courageux que le Dimanche, parce qu'il s'agit de braver un maître invisible, renouvelle à son insu — étant une épouvantable brute — le Crime initial et reperd, chaque fois, pour lui-même et pour beaucoup d'autres, le Jardin de Volupté. Adam et Eve ont dû, en une manière qu'on ne sait pas, mépriser le Septième Jour et **travailler le Dimanche tout l'été, ou, n'aller à la Messe que pour se moquer de la religion,** ou, **pendant le carême, aller à la boucherie comme des chiens,** car les paroles divines sont toujours certaines et identiques, en amont comme en aval de leur cours éternel.

La sanctification du Dimanche, c'est la sanctification du travail, et le travail, non sanctifié de cette manière, est tellement maudit que l'*apparente* solidité des maisons privées ou des monuments publics, à la construction desquels il fut travaillé le Dimanche, est un problème. Le Secret annonce des maux inouïs, tels qu'aucun prophète n'en annonça jamais d'aussi affeux et d'aussi universels. **La terre sera frappée de toutes sortes de plaies. Les montagnes et la nature entière trembleront d'épouvante.** Des prodromes, d'ailleurs, se manifestent. Les feuilles publiques, prodromes elles-mêmes de la démence du monde, relatent, chaque jour, sans y rien comprendre, les plus alarmantes catastrophes : tremblements

CHAPITRE XXI

de terre ou volcans détruisant de grandes villes, des pays entiers ; explosions, incendies, accidents innombrables et de toute sorte procurés par la main-forte scientifique ou industrielle, au service de la Désobéissance et de l'Orgueil. Cela pour ne rien dire des homicides continuels et de plus en plus atroces, prélude, sous nos yeux, de massacres sans pardon. Hier, un train de voyageurs sautait dans la Loire... L'heure va sonner où les catastrophes *se toucheront*, où il n'y aura plus que des catastrophes. A chaque tour de cette roue des supplices dont le mouvement s'accélère, de graves individus recherchent aussitôt les « responsabilités », dans l'espérance, dirait-on, d'augmenter le mal, en réduisant au désespoir quelque mercenaire sans protection.

Ah ! misérables que nous sommes ! Elle est sur chacun de nous, la responsabilité ! Le mot *châtiments* révolte notre orgueil. Il nous faut des causes naturelles, des explications scientifiques où Dieu n'intervienne pas... Ce travail avait été bien fait, pourtant ! Les matériaux étaient excellents et on avait eu de bons ouvriers. Il n'y avait rien à redire à ces assises de pierre dure, capables de soutenir une montagne, et cette charpente de fer avec ses arbalétriers, ses boulons, ses rivets, que sais-je encore ? étaient au-dessus de tout éloge... Mais voici. Ce travail avait été fait le Dimanche, très-probablement, et les ouvriers — un seul, peut-être — avaient dû mettre **le Nom de mon Fils au milieu**. Il n'a pas fallu davantage. Telle est l'explication de la Mère de Dieu.

Je me suis réservé le Septième Jour. La profanation du Dimanche renouvelle continuellement le premier péché. C'est l'attentat à *la RÉSERVE du Seigneur !* Peine de mort dans les deux cas, et de mort terrible... J'ai parlé plus haut des larmes d'Eve. La Chute n'est pas un fait accompli autrefois et dont nous subissons les conséquences. *Nous tombons toujours*, et voilà pourquoi *Eve pleure.* Ses larmes nous accompagnent dans le gouffre.

XXII

Affaire Caterini.

Il n'y a pas moyen de comprendre l'énorme prévarication sacerdotale, et surtout *épiscopale*, relative au Miracle de la Salette, quand on ignore l'affaire Caterini. Voici donc rapidement cette histoire misérable.

Le Secret de Mélanie commence par ces mots : **Mélanie, ce que je vais vous dire maintenant ne sera pas toujours secret : vous pourrez le publier en 1858** (1).

En 1858, Mélanie était enfermée au Carmel de Darlington, en Angleterre. Elle demanda à sortir pour remplir sa mission. Quand elle revint, en 1860, la gravité de ce Secret effraya les membres du clergé auxquels elle en parla. Elle se borna pour lors à le

---

(1) *1858 !* L'année de l'Apparition de Lourdes !

donner manuscrit. C'est ainsi que de nombreuses copies s'en répandirent avant 1870.

Plusieurs publications suivirent. Celle qui parut en 1872 fut honorée de la bénédiction de Pie IX. Celle qui parut en 1873 fut approuvée par le Cardinal Xyste-Riario Sforza, archevêque de Naples. Celle qui parut en 1879 fut publiée par la Bergère elle-même, avec l'*imprimatur* de Mgr de Lecce, le Comte Zola, son directeur.

C'est alors que des prêtres français, des religieux et plusieurs évêques, voulant faire condamner par Rome la brochure de Mélanie, Mgr Cortet, évêque de Troyes, se chargea d'attacher le grelot.

Mgr Cortet, connaissant mal les règles du Droit canonique en cette matière, s'adressa à la Congrégation de l'Index qui le renvoya à celle de l'Inquisition. Là encore, il ne put rien obtenir. A bout d'expédients, il menaça le cardinal Caterini, simple diacre, mais, secrétaire par rang d'âge de cette Congrégation, du *retrait du Denier de saint Pierre* « si l'on ne faisait pas quelque chose (sic) en sa faveur». Le secrétaire, âgé de 85 ans, signa la lettre suivante rédigée par un sous-secrétaire :

« Révérendissime Seigneur, Votre lettre du 23 juillet, relative à la publication de l'opuscule intitulé : — *L'Apparition de la Sainte Vierge sur la Montagne de la Salette* — a été remise aux Très-Eminents Cardinaux, avec moi Inquisiteurs de la Foi, qui veulent que vous sachiez, que le Saint-Siège a vu avec déplaisir la publication qui en a été faite et que sa volonté est que les exemplaires déjà répandus soient, autant que possible, *retirés des mains des fidèles*.....

« Rome, le 8 août 1880.   « P. Card. Caterini. »

A la réception de cette lettre, Mgr Cortet fut atterré, car ce n'était pas une condamnation. — 1° Rome ne dit pas de « retirer autant que possible », quand elle condamne un livre. — 2° C'était une lettre privée qu'on lui envoyait et nullement un décret, car il est de rigueur qu'on relate, dans un décret, la date de la réunion du Saint Office. — 3° Au lieu du pointillé, qui sera expliqué dans un instant, il y avait ces mots : « *Mais qu'on la maintienne* (la brochure) *dans les mains du clergé, pour qu'il en profite* ». Cette dernière phrase était, en réalité, une approbation de la brochure. Impossible de publier cela.

Mgr Cortet envoya cette réponse à son collègue de Nîmes. Mgr Besson ne s'embarrassa pas pour si peu. Il supprima la dernière ligne, la remplaça par un pointillé et publia, sous la couleur d'un décret, cette lettre privée, tronquée, faussée, qui n'était pas même à son adresse. Mgr de Troyes l'imita. Un grand nombre de *Semaines religieuses* s'empressèrent d'en faire autant, bien qu'elles sussent ce qu'il en était. Les *Revues catholiques*, les « bons journaux », furent priés d'insérer et le firent de bonne foi, on l'espère. Tout le monde crut, ou voulut croire, que la brochure de Mélanie était *condamnée !*

Plus tard, les Missionnaires de la Salette, estimant que le pointillé en disait encore trop, le remplacèrent par un seul point, et glissèrent par milliers dans les mains des pèlerins leur petit papier. En même temps les calomnies allaient bon train ; aucun doute n'était possible : « l'Enfant de Marie avait mal tourné ; elle était égarée par la vanité, infidèle à sa mission, etc. »

Voici, à ce sujet, une lettre de Mélanie à M. l'abbé Roubaud, curé de Vins, au diocèse de Fréjus, mort en 1897, laissant une haute réputation de sainteté :

Castellamare, 25 octobre 1880.

« Mon très-Révérend Père,

« Ne vous troublez pas de tout ce que fait le démon par le moyen des hommes ; le bon Dieu le permet pour affermir la foi des vrais croyants... Les personnages à qui je me suis adressée à Rome appartiennent, l'un à la Congrégation de l'Index et l'autre à celle du Saint-Office ou de l'Inquisition qui est la même. Autant l'un que l'autre ils ignoraient la lettre du cardinal Caterini. C'est ce qui leur a fait dire que c'est un parti qui agit indépendamment du Pape et même des Congrégations de l'Index et de l'Inquisition... »

Elle écrivit, en outre, à Mgr Pennachi, consulteur de l'Index, qui lui fit la même réponse. Mgr Zola, évêque de Lecce, qui avait donné l'*imprimatur*, s'était rendu immédiatement à Rome pour avoir des explications. Le sous-secrétaire qui avait écrit la lettre fit très-humblement toutes ses excuses à Mgr de Lecce, lui disant qu'il avait eu la main forcée par l'évêque de Troyes et autres évêques de France. Sa lettre ne devait pas être publiée. Les formules qui compromettaient, dans cette affaire, « les Eminentissimes Cardinaux » et « le Saint-Siège », étaient des *rocamboles !!!* (1)

---

(1) Le Cardinal Prosper Caterini, *secrétaire* et non *préfet* de la Congrégation, comme on le publia par erreur alors, né en 1795, premier diacre du titre de Sainte Marie in *Via Lata*, mourut l'année d'après, en octobre 1881, à l'âge de 86 ans. *Requiescat in pace*, ainsi que Mgr Cortet, mort il y a quelques années seulement.

Voici, pour conclure, ce qu'écrivait encore Mélanie, le 13 octobre 1880 : «... Le plus grand coupable par rapport à la lettre du cardinal Caterini est Mgr Fava. Cependant il n'y a rien de si opportun que les avertissements de notre miséricordieuse Mère Marie, à la veille du jour où les religieux sont chassés... comme le dit très-bien le Secret que l'on rejette... **Les ténèbres obscurcissent les intelligences ;** ne voyons-nous pas, s'accomplir, à la lettre, ces paroles du Secret !... Un évêque écrit à la Congrégation de l'Index et un Cardinal, secrétaire de la Congrégation de l'Inquisition, répond une lettre *privée* et non officielle, et cette lettre privée se reproduit dans les Semaines religieuses, puis dans les journaux religieux et ainsi parcourt le monde !!!... Le Secret, inopportun pour les fidèles, excite la curiosité de tout le monde et, de tous côtés, je reçois des lettres pour me demander ma petite brochure que je n'ai plus. Voilà jusqu'où sont allées la sagesse et la prudence de l'opportunisme... En vérité, nous sommes plongés dans les ténèbres ! Et c'est un **châtiment de Dieu**. *En arrêtant la diffusion du Secret, on prend une très-grande responsabilité devant Dieu !* On répondra devant Dieu de tout le Message de la Vierge Marie ! Je ne voudrais pas être à la place de ces personnes-là au terrible Jugement !... »

XXIII

Sainteté de Mélanie. Apôtres des Derniers Temps prophétisés par elle et par le Vénérable Grignion de Montfort.

A tout cela Mélanie n'avait à opposer que sa sainteté, son immense beauté d'âme universellement, je ne dis pas méconnue, mais *inconnue*. Les moins hostiles ont la charité d'espérer qu'elle n'est pas perdue éternellement, qu'elle finira par être admise dans le Paradis, fort au-dessous des dames, après un Purgatoire dont la pensée fait frémir. Les légendes fabriquées par le démon sont si tenaces que, longtemps encore, on croira que la Bergère de la Salette a mal fini ; qu'après une grâce inouïe dont la moins pieuse des enfants du petit catéchisme eût été plus digne, elle est retombée, presque aussitôt, dans la tiédeur, dans l'indolence de l'âme, dans la vanité, dans l'infidélité, dans le mensonge (1). Quand on sait à quoi s'en tenir, cette vieille boue des décrottoirs de l'enfer semble si basse et si puante qu'il n'y a pas moyen de s'y arrêter un instant.

La volonté de Mélanie était que ses directeurs ou confesseurs ne dévoilassent rien de sa vie *intime*. Mais, dès 1852, plusieurs personnes ont su par le P. Sibillat, qui avait obtenu quelques confidences de cette enfant privilégiée, que, longtemps avant 1846, le Ciel l'avait visitée, que la grande Apparition de 1846 n'était qu'un *épisode* de son enfance ; et les Religieuses de Corenc, ses compagnes, purent observer que ces grâces ne cessaient pas. On a la preuve qu'elles n'ont jamais cessé.

« Cette humble fille — dit son historien futur qu'il ne m'appartient pas de nommer — dont les âmes, même religieuses, ne peuvent, avant que sa Vie intime soit publiée, soupçonner la haute sainteté et la grande mission dans l'Eglise, fut comblée, dès l'âge de trois ans, des dons surnaturels les plus étonnants, tels qu'on les trouve dans les vies de quelques saints. Instruite par l'Enfant Jésus qui lui avait appris qu'il fallait cacher ces grâces, elle les cachait avec tant d'humilité et d'habileté et, quand on les surprenait, on voyait tant combien on la faisait souffrir, que ses directeurs eux-mêmes n'en ont connu qu'une faible partie. Dans les montagnes où elle

---

(1) On a poursuivi l'année dernière, pour faux en écritures, un ecclésiastique superbe qui avait accusé Mélanie d'être une FAUSSAIRE. *Sicut fecit sic fiet ei.*

gardait les troupeaux avant l'Apparition, on l'appelait déjà *la petite sainte* et on lui attribuait des miracles. »

Aujourd'hui il est connu qu'elle en a fait et la preuve en sera donnée, quand la Congrégation des Rites daignera s'occuper de la Béatification d'une si pauvre Bergère. La découverte de ses stigmates a été la chose la plus fortuite. Elle-même paraissait les *ignorer* — bien qu'elle les cachât, comme tout le reste, instinctivement — ou du moins, elle paraissait croire que *tous les chrétiens devaient être ainsi* — ce qui n'est pas loin du sublime le plus terrassant. Mélanie fut souvent communiée par Notre Seigneur lui-même et jouissait de la vue continuelle de son Ange gardien. Les habitants d'Altamura ont affirmé avoir entendu dans l'appartement de « la pieuse dame française », à l'Angelus du soir, la nuit qu'elle est morte, des chants angéliques et le tintement d'une clochette, comme quand on porte le Saint Viatique.

Combien d'autres choses encore ! Mais ce qui étonne plus que tout, ce qui décourage de penser, ce qui donne aux seules larmes d'amour un inestimable prix, c'est de se dire qu'elle voyait *tout dans la Lumière de Dieu,* non simultanément, mais successivement, c'est-à-dire au moment où sa pensée se portait sur un objet. Don extraordinaire, unique peut-être dans la vie des saints. Elle semblait vivre dans le Paradis terrestre comme si la Chute n'avait pas été...

A une croyante qui voulait savoir quelque

chose des Apôtres des Derniers Temps, fut communiqué ce fragment de ce que Mélanie appelait sa « Vue » (1) :

« ... En d'autres endroits, je vis les Disciples des Apôtres des Derniers Temps. Je compris bien clairement que ces messieurs, que j'appelle les Disciples, faisaient partie de l'Ordre. C'étaient des hommes libres, des jeunes gens qui, ne se sentant pas appelés au sacerdoce, voulant cependant embrasser la vie chrétienne, accompagnaient les Pères dans quelques missions et travaillaient de tout leur pouvoir à leur propre sanctification et au salut des âmes. Ils étaient très-zélés pour la gloire de Dieu. Ces disciples étaient auprès des malades qui ne voulaient pas se confesser, auprès des pauvres, des blessés, des prisonniers, dans les réunions publiques, dans les assemblées sectaires, etc., etc. J'en vis même qui mangeaient et buvaient avec des impies, avec ceux qui ne voulaient pas entendre parler de Dieu ni des prêtres ; et voilà que ces Anges terrestres tâchaient par tous les moyens imaginables de leur parler et de les amener à Dieu, et de sauver ces pauvres âmes qui ont chacune la valeur du Sang de Jésus-Christ fou d'amour pour nous. Cette vue était bien claire, bien précise et ne me laissait aucun doute sur ce que je voyais ; et j'admirais la grandeur de Dieu, son amour pour les hommes et les saintes industries dont il

---

(1) Cette page, tout à fait inédite, complète ou confirme ce qui a été dit plus haut, chap. XVI, du don de prophétie conféré à la Bergère.

usait pour les sauver tous ; et je voyais que son amour ne peut pas être compris sur la terre, parce qu'il dépasse tout ce que les hommes les plus saints peuvent concevoir...

« ... Avec elles (les Religieuses), il y avait aussi des femmes et des filles remplies de zèle qui aidaient les religieuses dans leurs œuvres. Ces veuves et ces filles étaient des personnes qui, sans oser se lier par les vœux de religion, désiraient servir le bon Dieu, vaquer à leur salut et mener une vie retirée du monde. Elles étaient vêtues de noir et très-simples. Elles portaient aussi une croix sur la poitrine, comme les Disciples, mais un peu moins grande que celle des Missionnaires et elle n'était pas extérieure.

« ... Les Disciples et les femmes faisaient aussi cette promesse ou oblation à la Très-Sainte-Vierge : de se donner à Elle et de Lui donner, pour les âmes du Purgatoire, en faveur de la conversion des pécheurs, toutes leurs prières, toutes leurs pénitences, en un mot toutes leurs œuvres méritoires.

« Je vis que les Missionnaires vivaient en communauté... Je vis que les disciples qui savaient lire disaient l'Office dans leur chapelle ; je vis aussi que les Religieuses disaient l'Office de la Sainte Vierge ainsi que les femmes. »

Il est infiniment intéressant de rapprocher de cette *vue* si actuelle, si précise, de la Bergère, la prophétie plus générale, mais combien éloquente, écrite, 150 ans avant la Salette, par le Vénérable Grignion de Montfort :

« ... Mais quels seront ces serviteurs, esclaves et enfants de Marie ? Ce seront un feu brûlant des ministres du Seigneur qui mettront le feu de l'amour divin partout et, *sicut sagittæ in manus potentis*, des flèches aiguës dans la main de la puissante Marie pour percer les ennemis ; ce seront des enfants de Lévi, bien purifiés par le feu de grandes tribulations et bien collés à Dieu, qui porteront l'or de l'amour dans le cœur, l'encens de l'oraison dans l'esprit, et la myrrhe de la mortification dans le corps, et qui seront partout la bonne odeur de Jésus-Christ aux pauvres et aux petits, tandis qu'ils seront une odeur de mort aux grands, aux riches et aux orgueilleux mondains.

« Ce seront des nuées tonnantes et volantes par les airs, au moindre souffle du Saint-Esprit, qui, sans s'attacher à rien, ni s'étonner de rien, ni se mettre en peine de rien, répandront la pluie de la parole de Dieu et de la vie éternelle ; ils tonneront contre le péché, ils gronderont contre le monde, ils frapperont le diable et ses suppôts et ils perceront d'outre en outre, pour la vie ou pour la mort, avec leur glaive à deux tranchants de la parole de Dieu, tous ceux auxquels ils seront envoyés de la part du Très-Haut.

« *Ce seront des Apôtres véritables des Derniers Temps*, à qui le Seigneur des vertus donnera la parole et la force, pour opérer des merveilles et remporter des dépouilles glorieuses sur ses ennemis ; ils dormiront sans or ni argent et, qui plus est, sans soin au milieu des autres prêtres, ecclésiastiques et clercs, *inter medios cleros,* et cependant auront les ailes argentées de la colombe, pour aller, avec la pure intention de la gloire de Dieu et du salut des âmes, où le Saint-Esprit les appellera (1) ; et ils ne laisseront après eux, dans les lieux où ils auront prêché, que l'or de la charité qui est l'accomplissement de toute la loi. Enfin nous savons que ce seront de vrais disciples de Jésus-Christ, qui, marchant sur les traces de sa pauvreté, humilité, mépris du monde et charité, enseigneront la voie étroite de Dieu dans la pure vérité, selon le saint Evangile, et non selon les maximes du monde, sans se mettre en peine ni faire acception de personne, sans épargner, écouter ni craindre aucun mortel, quelque puissant qu'il soit. (2)

« Ils auront dans leur bouche le glaive à deux tranchants de la parole de Dieu ; ils porteront sur leurs épaules l'étendard ensanglanté de la Croix, le Crucifix dans la main droite, le chapelet dans la gauche, les Noms sacrés de Jésus et de Marie sur leur cœur, et la modestie et mortification de Jésus-Christ dans toute leur conduite. Voilà de grands hommes qui viendront ; mais Marie sera là, par ordre du Très-Haut, pour étendre son empire sur celui des impies, idolâtres et mahométans. Quand et

---

(1) *Ps.* 67, v. 14. Matines de Pentecôte. Ce psaume chargé de mystère appartient liturgiquement au Saint-Esprit.

(2) Conformité presque littérale avec le 30ᵉ alinéa du Secret de Mélanie, cité dans l'introduction du présent ouvrage.

comment cela se fera-il ?... Dieu seul le sait ; c'est à nous de nous taire, de prier, de soupirer et d'attendre : *Expectans, expectavi* (1). »

Assurément Dieu seul le sait. Cependant nous savons aussi, nous autres, pourquoi et comment cela ne s'est pas fait, pourquoi, le 19 septembre prochain, 62e anniversaire de l'Apparition, il n'y aura pas même un faible commencement d'exécution, une lointaine velléité d'obéissance. Nous ne savons que trop les sordides et basses causes de cette prévarication inouïe. Mais tous ne le savent pas et c'est pour les ignorants que ce livre est surtout écrit. Les autres, les vrais coupables par malice ou par lâcheté, chercheront naturellement à l'étouffer, selon leur méthode, simplement par esprit de suite, sans honte ni peur. Comment faire peur à des hommes consacrés à Dieu qui ont pu *voir* le châtiment terrible d'un assez grand nombre d'entre eux sans se frapper la poitrine ?... Enfin j'ai voulu rendre témoignage afin de m'endormir en paix, quand mon heure sera venue.

Les menaces de la Salette ont été conditionnelles. Il y a lieu de croire qu'elles ne le sont plus. Les Apôtres de Marie qui auraient dû être institués avant le Déluge de sang et de feu, le seront *après*, voilà tout.

---

(1) *Traité de la vraie Dévotion à la Sainte Vierge*, 1re partie, chap. 1.

XXIV

Objections, calomnies, l'assomptioniste Drochon.

Ma tâche n'est-elle pas finie ? Je crois avoir dit tout ce qu'il fallait et je ne pourrais plus maintenant que me répéter. On m'a présenté une liste des objections contre le Secret qui ne cessent d'avoir cours à la Salette. Je les connais trop et je les ai refutées implicitement ou explicitement dans les pages qui précèdent. On sait, d'ailleurs, que les objections présentées par la haine, l'orgueil ou l'intérêt, sont invincibles. Elles renaissent à mesure qu'on les égorge. Cependant le trait distinctif de celles-ci est une faiblesse extrême, une faiblesse enfantine, telle qu'on a honte de les entendre.

Exemple : « Si le Pape voulait la publication du Secret, il l'aurait faite lui-même ». Cette objection, dans la bouche de prêtres qui passent pour instruits, étonne et afflige. On sent qu'il serait bien inutile de leur dire que le Pape a pu et a dû vouloir *respecter* la mission, évidente pour lui, de Mélanie et qu'il a donné des preuves de ce respect. Cette idée n'entrerait pas dans de tels cerveaux. Comment espérer aussi de faire comprendre à ces esclaves de la *lettre*, à ces ilotes du vocable, que le Pape étant infaillible, son SILENCE *est une approbation ?* Or le Secret n'a jamais été condamné. Ajoutons que ce serait peut-être une question de savoir s'il est selon les grandes Règles que le Pape fasse en personne la publication d'un tel document ?

Puis, que répondre à de vieilles calomnies que l'accoutumance a transformées en vérités indiscutables, et dont nul chrétien ne s'avise de rechercher la provenance ? Ici, il n'y a plus seulement la honte de l'esprit, mais l'horreur de l'âme et c'est abominable de penser à des mensonges tant de fois réfutés et si vainement confondus !

Un Père Assomptioniste, nommé Drochon, les a réunis en bouquet dans une *Histoire illustrée des Pèlerinages français*, formidable in 4° de 1274 pages (qu'il faudrait 2548 hommes pour lire, aurait dit Barbey d'Aurevilly), publié avec l'autorisation et l'admiration du Père Picard, son supérieur général (1). On sait que les Assomptionistes ont été les plus constants ennemis de Mélanie et de son Secret, et qu'ils se sont acharnés à cette guerre avec toute la

---

(1) Paris, Plon, 1890.

force et l'autorité que leur donnait le succès inouï et lamentable de leurs déprimantes publications (1).

Dans la masse énorme de ce Père Drochon, *treize* pages seulement sont données au Pèlerinage de la Salette et il est presque impossible d'y trouver une ligne qui ne soit inexacte ou mensongère. Qu'on en juge :

« ... Maximin et Mélanie auraient reçu, nous l'avons dit, chacun leur (*sic*) secret : « Infirmes, *défaillants, si vous le voulez, en tout le reste,* dit M. l'abbé Nortet, ils ne seront trouvés forts qu'en un seul point, ce qu'ils ont affirmé être leur mission ». « Ces enfants peuvent *s'éloigner*, s'écriait à son tour Mgr Ginoulhiac, le 19 septembre 1855 (il avait *exilé* Mélanie l'année précédente), *devenir infidèles à une grande grâce reçue* (!), l'Apparition de Marie n'en sera pas ébranlée ». Ces citations font prévoir les vicissitudes qui ont marqué la vie des deux enfants... Mélanie, après avoir contemplé la Reine du Ciel, *ne ferma point ses yeux au monde* (!!!), comme nous l'avons vu faire à Anglèze de Sagazan, à Liloye et à tant d'autres, comme le fit peu après Bernadette. Elle entra, *sans doute,* au couvent de la Providence à Corenc ; mais

---

(1) On sait aussi, depuis plus d'un demi-siècle, que c'est un signe de *modestie,* chez les catholiques modernes, d'écrire d'une manière épouvantable, et que cela est soigneusement enseigné dans leurs Instituts, à tel point que tout ce qui fut écrit postérieurement aux *Oraisons funèbres,* ou à la *Henriade,* est jugé négligeable, détraquant ou libidineux. Le sublime Père Picard m'affirma, un jour, à la honte de son ordre, qu'Ernest Hello était un FOU. Son successeur, le Père Bailly et ses Eliacins de la *Croix* ou du *Pèlerin,* ont vraiment abusé de la doctrine.

se croyant appelée à quelque chose d'important, *rêvant* de missions et de conquêtes apostoliques, sœur Marie de la Croix *inspira des doutes sérieux sur sa vocation* à la vie des religieuses, qui n'est efficace *que si elle est humble* (!!!). Après *trois* ans (un an) de noviciat, Mgr Ginoulhiac consulté s'opposa à sa profession (1). Elle revint à Corps où un prélat romain d'origine anglaise la *décida* à le suivre en Angleterre, dans le but de s'y adonner à la pénitence pour la conversion du pays. De 1854 à 1860, elle séjourna au couvent des Carmélites de Darlington. Elle y prit l'habit, fit, paraît-il (!), des *vœux*, en 1856, *mais* elle revint en France, quatre ans plus tard, *se fixa* à Marseille où, *d'après* (!) M. Amédée Nicolas, elle fut relevée de ses vœux. Elle y séjourna jusqu'en

---

(1) Mgr Ginoulhiac dit à Mélanie : « Je viens de voir Maximin qui a refusé de me dire son secret, à moi, son évêque !!! *Il s'en repentira !!!* Mais vous, vous êtes plus raisonnable, vous avez plus de connaissance que lui ; je pense que vous n'allez pas refuser d'obéir à votre évêque...!!! » Et sur le refus de la pauvre enfant de désobéir à la Sainte Vierge, il lui fit la même menace : « *Vous vous en repentirez !* » Il ne tint que trop parole. Quand vint pour elle le moment de faire profession, de prononcer ses vœux chez les Religieuses de la Providence de Corenc, il s'y opposa, malgré les Religieuses qui disaient combien elle était pieuse, et chercha, par tous les moyens et vexations possibles, à la faire partir. Finalement il l'embarqua pour l'Angleterre, avec défense de le dire même à ses parents. Bien mieux, il donna des ordres pour la forcer à faire des vœux de clôture. Comme elle refusait de les faire, à cause de la mission qu'elle aurait à remplir après 1858, et qu'aucune pression, aucune insistance ne pouvait vaincre sa résistance, les religieuses lui dirent : « Où irez-vous ? Mgr G*** nous a écrit que si vous revenez dans son diocèse, il vous excommuniera partout où vous résiderez. «

1867. (Rien de Corfou, etc.) Mgr Louis Zola, *alors évêque de Lecce en Italie, l'emmena* dans son diocèse et la fixa à Castellamare (Admirable ! *Alors* Mgr Zola n'était pas encore évêque ; c'est de Mgr Petagna qu'il s'agit et il *n'emmena* pas Mélanie ; puis Castellamare n'est pas du diocèse de Lecce, c'est même un autre évêché et il est bien loin de Lecce. C'est comme si on situait Amiens dans le diocèse de Périgueux. On n'est pas fort en géographie chez les Assomptionistes. L'historien a puisé ses renseignements à bonne source, chez les Missionnaires de la Salette, et son livre est gros). A la mort de l'évêque, en 1888, (ni Mgr Petagna ni Mgr Zola ne sont morts en 1888), elle revint à Marseille où elle est encore (1890). Au milieu de cette vie agitée et *inconstante*, Mélanie est restée vertueuse (Ah ! tout de même ! tout juste vertueuse !) et, comme Maximin, persévérante *sur un seul point*, sa foi ardente (Après ce qui précède, le mot *ardente* est tout à fait stupide, mais c'est comme ça qu'on écrit à l'Assomption) en l'Apparition et dans le Secret qu'elle avait entendu ». (Et pas un mot de ce secret ! comme si la publication de Mélanie et l'*imprimatur* de Mgr Zola étaient apocryphes, puisque, d'autre part, Drochon dit que ce secret est le « clou » de l'Apparition — style Bailly, style *Croix* et *Pèlerin*.)

Cette page m'a rappelé le mot de Châteaubriand : « Il est des temps où l'on ne doit dépenser le mépris qu'avec économie, à cause du grand nombre des nécessiteux. »

XXV

L'hôtellerie. Tactique double des Missionnaires ou Chapelains.

Dès le commencement de ce travail, des personnes pieuses et d'intention pure jugèrent excessif mon blâme de l'hôtellerie de la Salette. (1) Il faut pourtant bien, m'ont-elles dit, que les pèlerins soient hébergés, surtout les infirmes et les malades, et ils ne peuvent pas exiger qu'on les loge et qu'on les nourrisse pour rien. Or voilà précisément ce qui ne devrait pas être en question. Le droit strict des pèlerins, surtout des infirmes et des malades, c'est d'être hébergés *pour rien*. En octobre 1880, du temps des prétendus missionnaires, je vis, un matin, arriver à la porte de l'hôtellerie, par une neige terrible, un mendiant à peine moins blanc que la neige et qui

---

(1) Je me suis exprimé plus fortement encore, à l'époque des Missionnaires. *La Femme pauvre*, pages 100 et 101.

paraissait avoir quatre-vingts ans. Il avait cheminé des heures dans la montagne, certain, disait-il, de trouver à la Salette l'hospitalité de deux jours assurée aux chemineaux par un règlement de l'hôtellerie. Je n'ai pas vu ce règlement, rêvé, peut-être, par de pauvres malheureux, mais ce que j'ai bien vu et trop bien vu, c'est le désespoir, l'humble désespoir de ce vieillard, me disant, un quart d'heure après : « Ils m'ont donné une soupe froide et m'ont dit qu'il fallait partir. J'aurais bien voulu me reposer ». Pour ne pas être complice d'un assassinat, je payai, quoique très-pauvre, trois jours de pension pour cet *envoyé*, qui était peut-être Raphaël, et dont le remerciement est resté en moi comme une lumière douce dans la cellule d'un condamné.

A partir de ce jour, j'ai compris ce qui se passait sur cette montagne. Pour parler net, j'ai vu l'épouvantable esprit d'avarice de ces soi-disant religieux qui n'auraient dû être eux-mêmes que des mendiants et des serviteurs de mendiants, car la Salette est, par essence et par excellence, un pèlerinage de va-nu-pieds. Qu'on vienne à la base de cette montagne comme on voudra et tant qu'on voudra, mais, arrivé là, on ne peut monter *délicatement* qu'avec le diable sur les épaules. Les premiers pèlerins ne s'y trompaient pas et n'auraient pas pu s'y tromper. La route actuelle n'existait pas, et le service des mulets ne se faisait pas comme aujourd'hui. On voyait se traîner, sur les flancs du Mont, des infirmes, des agonisants, des quasi-morts, qui rampaient des journées entières et qui redescendaient guéris. Mlle des Brulais, qui fut un des premiers témoins de la Salette, a relaté quelques exemples vraiment prodigieux (1). Je ne crois pas qu'il soit possible de citer un seul cas de mort d'un de ces malades sur la Montagne. Combien, cependant, durent passer la nuit sans toit, ni tente, *sub Jove frigido*, à cette altitude mortelle pour des êtres humains privés d'abri ! De quels secours pouvaient être, pour des centaines et des milliers de pèlerins, le couvert de quelques cabanes en planches ? *Quid inter tantos* ? Mais on était venu porté par la foi, on était hospitalisé, chauffé, réconforté, guéri par la foi.

Aujourd'hui, on monte commodément dans une voiture ou sur le dos d'un mulet ; on paie sa chambre et sa table, 1re ou 2me classe ; on prie à son aise, à l'abri de vraies murailles, dans une basilique bien close, et on s'étonne de ne pas obtenir ce qu'on demande. On n'est peut-être pas des pharisiens, mais on ne croit pas être, *sicut ceteri hominum*, des voleurs, des injustes, des adultères et on n'a pas peur de « lever les yeux vers le ciel ». Alors on redescend dans la même voiture ou sur le dos du même mulet, mais non pas comme le pauvre publicain. *Descendit hic justificatus* (hoc est *sanatus*) *in domum suam*. Il n'y a plus de miracles parce qu'il n'y a plus de croyants ni de PÉNITENTS, parce qu'il n'y a plus d'enthousiasme, c'est-à-dire de charité. **Il n'y a plus d'âmes généreuses.**

---

(1) *L'Echo de la Sainte Montagne*, par Mlle DES BRULAIS. Chez Henri Douchet, à Méricourt-l'Abbé (Somme). Il n'existe pas de livre plus recommandable sur les commencements de la Salette.

On serait suffoqué de trouver un comptoir et des livres de comptabilité dans l'antichambre d'un poète, et on n'est pas le moins du monde impressionné de rencontrer ces mêmes objets dans un lieu de pèlerinage, et de quel pèlerinage ! C'est ahurissant de se dire qu'il y a un endroit où la Sainte Vierge s'est montrée, où elle a pleuré d'amour et de compassion, où elle a dit les plus grandes choses qu'on ait entendues depuis Isaïe, où elle a guéri et consolé tant de malheureux, et qu'à deux pas de cet endroit, il y a une *caisse* !

— C'est abominable, direz-vous, mais où est le remède ? — Vous le savez aussi bien que moi. L'hôtellerie de la Salette, — transformée en une Maison-Dieu, où chaque pèlerin valide se constituerait serviteur des pauvres ou garde-malade, pour quelques heures ou quelques jours — serait approvisionnée surabondamment et constamment, si les chrétiens lui donnaient la centième partie de ce qu'ils donnent si vainement et avec tant d'amertume au percepteur. Elle serait vingt fois plus riche que maintenant, trop riche, sans doute, mais, du moins, on n'entendrait plus cet infâme bruit de monnaie que déteste Dieu, et on aurait la joie et la gloire de ranimer d'innombrables pauvres.

C'est bien cela que les bergers ont pu comprendre, et ce n'est pas sans effroi que je pense à ce qui a dû se passer dans le doux et noble cœur de Maximin, quand il était témoin de l'exploitation de sa Montagne, et qu'il périssait de misère à quelques pas des sordides religieux qui n'existaient que par lui. Pour ce qui est de la vieille Mélanie, ce qu'elle dut sentir lorsqu'elle fit le pèlerinage, une dernière fois avant de mourir, je me le suis déjà demandé et je n'ai trouvé d'autre réponse que les larmes.

Mon livre, je l'ai assez dit, n'a qu'un objet : Prouver que tout l'effort des ennemis de Dieu, dans le cas de la Salette, a tendu à déconsidérer le Secret de Mélanie, le seul en cause, celui de Maximin n'ayant jamais été divulgué. Alors, double tactique. D'une part, les Missionnaires ou Chapelains installés sur la Montagne ont toujours et très-fermement voulu que les menaces de la Sainte Vierge se soient accomplies, peu de temps après l'Apparition, d'une manière tout à fait complète et définitive, en sorte qu'il est démontré que nous n'avons plus rien à craindre et que toute autre prophétie, concernant l'avenir ou même le temps présent, doit être tenue pour billevesée. Je les ai vu travailler, chaque jour, près de la Fontaine, à l'heure du Récit, apportant des statistiques de famine, en Irlande par la maladie des pommes de terre ; en France, en Espagne ou en Pologne, par la maladie du blé, etc. Pour ce qui est de la menace du Discours relative aux « petits-enfants au-dessous de sept ans... », il paraît qu'elle s'explique très-suffisamment par une épidémie déplorable qui eut lieu vers cette époque, c'est-à-dire, il y a soixante ans. En conséquence le soi-disant Secret n'est qu'une méchante rêverie très-apocryphe que les bons catholiques doivent écarter.

Puis, il faut tenir compte de la différence des

temps. En 1846, la Religion était méprisée et la société chrétienne avait besoin d'être châtiée. Aujourd'hui, elle est, au contraire, ne le voit-on pas? dans l'état le plus florissant. De toutes manières, le Secret est insoutenable.

D'autre part, on veut à toute force que les Bergers n'aient jamais été persévérants que *sur un seul point* : Maximin ivrogne, selon la légende ignoble et criminellement fausse des Missionnaires, ne sortant de sa torpeur que pour raconter l'Apparition avec *lucidité*, par un miracle constant ; Mélanie, sainte fille, si on veut, mais livrée au plus dangereux vagabondage et continuellement « entourée d'hurluberlus et de prêtres désobéissants qui lui montaient la tête », ne retrouvant, comme Maximin, son équilibre et sa raison, que quand il s'agissait du récit de cette même Apparition, identiquement relatée par elle depuis 1846. En dehors du Discours public tout sec, impossible à mettre en doute, sans se condamner soi-même à l'inexistence, où est le moyen de supposer un secret de vie et de mort surérogatoirement divulgué par de tels témoins ?

— Après cela, pourraient dire les intéressés, si on veut prendre la peine de considérer les choses froidement, raisonnablement, *pratiquement,* comment ne pas voir, ô Mère du Verbe, que votre prétendue Révélation n'est qu'une imposture des démons pour empêcher de saints religieux de gagner honnêtement leur vie sur votre Montagne ?

XXVI

La Salette et Louis XVII.

D'excellents travaux historiques ont élucidé récemment la question de la Survivance de Louis XVII. Question déjà vieille et qu'on ne peut plus ignorer, aujourd'hui, sans un peu de honte. Mon *Fils de Louis XVI,* publié en 1900, n'a pas apporté de document nouveau, mais le témoignage d'une admiration infinie pour ce grand geste de Dieu, unique dans l'Histoire : Une Race royale qui passait pour la première du monde, non pas rejetée précisément, ni exterminée, mais tombée dans l'ignominie insondable, sans espoir d'en sortir jamais.

« ... C'est à faire chavirer l'imagination de se dire qu'il y eut un homme sans pain, sans toit, sans parenté, sans nom, sans patrie, un individu quelconque perdu dans le fond des foules, que le dernier des goujats pouvait insulter et qui était, cependant, le Roi de France !... Le Roi de France reconnu tel, en secret, par tous les gouvernements, dont les titulaires suaient d'angoisse à la seule pensée qu'il vivait toujours, qu'on pouvait le rencontrer à chaque pas, et qu'il tenait peut-être à presque rien que la pauvre France, toute frappée à mort qu'elle fût, voyant passer cette figure de sa douleur, ne reconnût soudain le Sang de ses anciens Maîtres et ne se précipitât vers lui avec un grand cri, dans un élan sublime de résurrection !

« On fit ce qu'on put pour le tuer. Les emprisonnements les plus barbares, le couteau, le feu, le poison, la calomnie, le ridicule féroce, la misère noire et le chagrin noir, tout fut employé. On réussit à la fin, lorsque Dieu l'eut assez gardé et lorsqu'il avait déjà soixante ans, c'est-à-dire lorsqu'il avait achevé de porter la pénitence de soixante rois... » (1)

La disgrâce de ce « Roi fantôme » fut si parfaite que les mots « ignominie » ou « opprobre » ne suffisent plus. On lui refusa ce qui ne se refuse pas aux pires scélérats, son identité personnelle, — pour mieux dire, une identité quelconque. On voulut absolument qu'il ne fût personne, dans la stricte acception du mot, et que ses enfants ne fussent les enfants de personne. Ainsi s'accomplit, en une ma-

---

(1) Léon Bloy. *Le Fils de Louis XVI.* Ce n'est pas ici le lieu de montrer, ne fût-ce qu'en raccourci, l'histoire effrayante et fantasmatique de Louis XVII. Lire *Le Dernier Roi légitime de France,* par Henri Provins, et l'inestimable ouvrage plus récent d'Otto Friedrichs : *Correspondance intime et inédite de Louis XVII.*

nière que Dieu seul pouvait inventer, la séculaire formule capétienne : *Le Roi ne meurt pas*, puisque la descendance légitime de Louis XVI était condamnée à ne pouvoir ni vivre ni mourir.

Le Dauphin, fils de Louis XVI, — authentiquement Louis XVII — prétendu mort au Temple, en 1795, exhala son âme douloureuse à Delft, en Hollande, le 10 août 1845, un peu plus de treize mois avant l'Apparition de la Salette, « promptitude fort singulière de ce miracle, si peu de temps après que le Candélabre aux Lys d'Or dont il est parlé dans le Pentateuque, avait été renversé.

« Lorsqu'éclata la nouvelle de l'Apparition, un seul chrétien se demanda-t-il si quelque chose d'infiniment précieux ne venait pas d'être brisé, pour que la Splendeur elle-même, la Gloire impassible et inaccessible parût en deuil ? — **Depuis le temps que je souffre pour vous autres !** Quel mot troublant et inconcevable !

« La catastrophe est si énorme que ce qui ne peut absolument pas souffrir souffre néanmoins et pleure. La Béatitude sanglote et supplie. La Toute-Puissance déclare qu'elle n'en peut plus et demande grâce... Que s'est-il donc passé, sinon que Quelqu'un est mort qui ne devait pas mourir ?... » (1)

Si encore il était vraiment mort comme tout le monde meurt, mais, je le répète, c'était bien pis, le Roi de France ne devant pas mourir. Et voilà plus

---

(1) *Le Fils de Louis XVI.*

de soixante ans que cela continue ! J'ai là, devant moi, le portrait d'un pauvre petit enfant de 4 ou 5 ans, qu'on nomme le Prince Henri-Charles-Louis de Bourbon, Dauphin de France. Il paraît que c'est lui qui continuera la série des Rois fantômes...

Plusieurs lettres de Mélanie dont quelques-unes à la Princesse Amélie de Bourbon, prouvent que la prophétesse n'avait aucun doute sur la Survivance représentée par le prétendu Naundorff et ses enfants. En 1881, elle nomme l'héritier direct « *Roi légitime, Roi* Fleur de Lys » et recommande l'espérance. On sait d'autre part que, bien des années auparavant, Maximin avait fait le voyage de Frohsdorf et qu'une entrevue avec le Comte de Chambord avait eu pour effet la renonciation effective de celui-ci au trône de France. Tout porte à croire, en effet, que Maximin aurait dit à ce prétendant ce que Martin de Gallardon, en 1816, avait dit à l'infâme Louis XVIII : « Vous êtes un usurpateur ». Le Comte de Chambord, au contraire de son fratricide grand'oncle, n'osa pas succéder aux deux Caïns de la Restauration, mais, tout de même, il garda les 300 millions du patrimoine royal, et les héritiers volés, depuis trois générations, continuèrent d'être pauvres et couverts de la plus abondante ignominie, comme l'avaient été leur père et surtout leur grand-père, le Dauphin du Temple.

Analogie ou affinité, correspondance ou relation mystérieuse entre le Miracle de la Salette et le miracle de la destinée du Fils de Louis XVI. Un roi pauvre, un roi mourant de faim et de misère, le fils couvert d'ordures et obstinément renié de soixante rois, vient offrir à la France de la sauver, et on l'assassine, après l'avoir longtemps flagellé. *Nolumus hunc regnare super nos.*

Aussitôt après, la vraie Reine de France, la Souveraine à qui fut authentiquement, valablement et irrévocablement donné ce Royaume, vient, à son tour, supplier en pleurant son peuple et tous les autres peuples dont il est l'Aîné, de considérer le Gouffre effroyable qui les *invoque*... Ne pouvant la tuer, on lui répond par la Désobéissance, la Négation de ses paroles et la judaïque lapidation de ses témoins. *Nolumus HANC regnare super nos.*

J'ai pensé, bien des fois, que la patience de Dieu est la meilleure preuve du Christianisme.

Aujourd'hui tout est-il perdu ? N'y a-t-il plus rien à espérer ? N'est-il plus d'autres remèdes que les châtiments ? L'auteur de ce livre en est persuadé. La France ne veut plus de Roi, ni de Reine, ni de Dieu, ni d'Eucharistie, ni de Pénitence, ni de Pardon, ni de Paix, ni de Guerre, ni de Gloire, ni de Beauté, ni de quoi que ce soit qui donne la vie ou la mort. Elle veut, en sa qualité de maîtresse et d'exemplaire des nations, ce qui n'a jamais été voulu par aucune décadence : la parfaite stupidité dans le mouvement artificiel et automatique. Cela se nomme le Sport, qui doit être un des noms anglais de la Damnation.

En l'année 1864, dit le Secret, **Lucifer et un grand nombre de Démons seront détachés de l'Enfer...**

On sait que Léon XIII, frappé de cette prédiction, a voulu que tous les prêtres catholiques récitassent, chaque jour, après leur messe, agenouillés au pied de l'autel, cette prière assez semblable à un exorcisme :

Sancte Michael, Archangele, defende nos in prælio ; contra nequitiam et insidias diaboli esto præsidium. Imperet illi Deus, supplices deprecamur ; tuque, Princeps militiæ cœlestis, Satanam aliosque spiritus malignos qui ad perditionem animarum pervagantur in mundo, divina virtute in infernum detrude. Amen.

APPENDICES

PIÈCE JUSTIFICATIVE

Le document qui suit, écrit de la main de Mélanie, fera connaître la *source* des calomnies sans cesse répétées, depuis trente ans, contre le Secret, la Règle de la Sainte Vierge, la Voyante et sa Mission.

«... (Cusset, Allier), ce 28 février 1904 (1).

A Monsieur l'abbé H. Rigaux,
Curé d'Argœuves
par Dreuil-les-Amiens (Somme).

Mon très-Révérend et très-cher Père,

Que Jésus soit aimé de tous les cœurs !

Je vous avais promis, cela plaisant à Dieu, de mettre par écrit mon voyage à Rome, ce qui l'a précédé, le Congrès tenu au nom du Saint-Père par son Eminence le Cardinal Ferrieri, Préfet de la Congrégation des Evêques et Réguliers, ce qui s'y est dit, mon audience privée auprès du Saint-Père et ce que nous avions dit, mon entrée chez les Salésianes (Visitandines), puis ma sortie et ce qui a suivi.

Jusqu'à présent, je n'ai pas pu écrire cela, par cause de maladie. Que le bon Dieu soit béni de tout !

---

(1) Mélanie est morte, le 14 décembre de la même année. Cette lettre précieuse peut donc être considérée comme une sorte de testament. Il va de soi que le *style* de la Bergère a été scrupuleusement respecté.

I

En l'an de grâce 1878 et, je crois, en octobre, un matin, après la Sainte Messe, le Révérend Père Fusco me dit avoir lu dans un journal l'intention de Mgr Fava, évêque de Grenoble, de venir à Rome pour faire approuver sa Règle pour les Pères et pour les Sœurs de la Montagne de la Salette.

A cette nouvelle je dis : — Pour avoir ma conscience nette, je vais me hâter d'écrire la Règle de la Très-Sainte Mère de Dieu et l'envoyer au Saint-Père. — Je la porterai moi-même à Rome, dit le Père Fusco. — Et tout se fit comme nous avions dit.

Un mois environ s'était écoulé, quand un Dimanche, mon saint Evêque, Mgr Pétagna, me fit savoir qu'il désirait me parler. Je me rendis à l'Evêché. En montant les escaliers, je rencontrais des bons vieux chanoines qui versaient des larmes et disaient : — Il aurait mieux fait de rester dans son diocèse et ne pas venir tuer notre Evêque. Si ce n'était sa soutane je l'aurais pris pour un gendarme hautain, impérieux. — D'autres chanoines me dirent : — Par charité, faites finir les cruelles instances de l'Evêque de Grenoble auprès de Mgr Pétagna déjà assez malade. — Je demandai la raison des *ordres* que l'Evêque de Grenoble donnait à mon saint Evêque. On me dit : — L'Evêque de Grenoble, avec un air de puissante autorité, *ordonne* à notre saint Evêque de vous obliger, de vous contraindre d'aller dans son Diocèse, etc., etc. — J'entre, et, pour la première fois, je voyais Mgr Fava.

L'Evêque de Grenoble était accompagné d'un prêtre, que je sus, plus tard, être le Père Berthier, un des missionnaires de la Salette.

Mgr de Grenoble me dit, entre autres choses banales, indifférentes, qu'il avait entendu dire que j'étais ici et qu'il était venu de bien loin pour me voir. — Je le remerciai. — Mon saint Evêque, déjà malade, se sentait épuisé et avait besoin de repos et surtout de tranquillité d'esprit. Un domestique vint lui dire que sa chambre était préparée, s'il avait besoin de se reposer. Alors, mon saint Evêque me dit : — Mgr de Grenoble et le R. Père Berthier prendront leur repas chez vous, parce que, ici, depuis que je suis si souffrant, on ne prépare rien, on ne se met plus à table. — Je dis à mon saint Evêque, en lui exprimant mon regret pour son état maladif, que je le remerciais de l'honneur qu'il me procurait d'avoir Monseigneur et ce digne Prêtre chez nous ; et le priai de me permettre de me retirer, afin que chez moi on pût préparer le nécessaire. — Mon saint Evêque remarquant le mutisme de Mgr Fava sur ce qu'on venait de combiner, crut qu'il n'avait pas compris. Il le répéta une deuxième fois, puis, une troisième fois, et je revins chez moi afin de tout préparer pour le déjeuner de midi.

A midi, arrive Mgr de Grenoble avec le P. Berthier. Sa première parole fut : — Je suis venu à Rome pour trois raisons : pour faire approuver ma règle pour les Pères et pour les Sœurs ; pour obtenir le titre de Basilique à l'Eglise de la montagne de la Salette ; et faire faire une NOUVELLE STATUE de Notre-Dame, semblable au modèle que j'ai apporté ; parce que, voyez-vous, aucune statue ne représente bien la Sainte Vierge, qui ne devait pas avoir un fichu ni un tablier ; et tout le monde murmure et désapprouve ce costume des femmes de la campagne. Le modèle que j'ai fait exécuter est bien mieux ! D'abord, elle ne portera pas de croix... parce que, voyez-vous, cela attriste les pèlerins, et la Sainte Vierge ne devait pas avoir de croix... (1) — Je passe, ma plume se refuse à faire savoir, en détail, tout ce que sa Grandeur a dit. J'étais effrayée ; c'est à peine si j'ai pu lui dire : — Et, au bas de votre statue, Monseigneur, vous écrirez en grosses lettres : **Vierge de la vision de Mgr Fava** ! — On appela pour nous mettre à table.

Après le repas, l'Evêque de Grenoble ouvrit un balcon pour voir la campagne et surtout le Vésuve que nous avions en face. Sa Grandeur me demanda qui nous avions pour voisin à côté de nous. Je lui répondis que nous étions seules.

— Oh ! mais vous êtes princièrement logées ! — Et il se mit à parcourir les pièces. Il sortit sur la terrasse qui servait, quand il ne pleuvait pas, de lieu de récréation à mes élèves. Il contempla encore longtemps le Vésuve, la mer et le paysage... Après quoi il rentra, non sans avoir ouvert et examiné ma chambre de travail ; et, en voyant tant et tant de lettres sur mon bureau, il me dit : — Mais votre correspondance est bien plus nombreuse que la mienne ! D'où vous viennent toutes ces lettres ? — De toute l'Europe, Monseigneur. — Vous êtes logée dans un palais trop beau ! Sans sortir, vous avez de quoi vous promener...

Après environ trois quarts d'heure ou une heure, Monseigneur dit qu'il allait souhaiter le bonsoir à Mgr Pétagna, puis reprendre le train pour Rome : — Oh ! elle sera ravissante de beauté MA statue : toute en marbre, avec un beau manteau qui l'entoure ; pas de souliers, pas de crucifix, cela attriste trop : la Sainte Vierge ne devait pas être accoutrée comme vous avez dit. — Eh ! bien, Monseigneur, lui ai-je dit, si le bon Dieu m'envoyait sa Pro-

---

(1) Je ne souligne pas ces dernières lignes, Mélanie ne les ayant pas soulignées elle-même. On est prié seulement de les remarquer.

vidence, je ferais faire une peinture, où la Très-Sainte Vierge Mère de Dieu serait représentée au milieu de deux resplendissantes lumières, et vêtue telle qu'elle est apparue sur la Montagne de la Salette. — Et Mgr Fava s'en alla ainsi que le P. Berthier.

Dans l'après-midi avancée, à mon grand étonnement, une personne envoyée par mon saint Evêque vint me dire que mon saint Evêque avait quelque chose à me communiquer.

Je demandai à cette personne si Mgr de Grenoble était parti. — Heureusement il partait, répondit-elle, quand un messager a ouvert la porte et remis à Mgr Pétagna un pli venant de Rome pour vous être communiqué. Alors, cet Evêque Carbonaro est rentré, et il voulait absolument savoir le contenu de la dépêche. Il fait bien de la peine à notre Monseigneur. — Je partis avec la même personne pour l'Evêché.

Arrivée à la porte je lui dis : — Sans doute que Mgr l'Evêque de Grenoble sera resté : entrez, et dites à notre Mgr Pétagna que la personne l'attend. — Ainsi fut fait.

Mon saint Evêque vint à moi avec la dépêche et, à demi-voix, il me dit à peu près ceci : — Le Saint-Père désire vous parler. Voici la dépêche en ce qui vous concerne :

« *Si Mélanie n'est pas malade et qu'elle puisse venir à Rome, Sa Sainteté voudrait lui parler. Si elle ne peut pas venir, qu'elle envoie tout ce qui se rapporte à la fondation du nouvel Ordre religieux des Apôtres des derniers temps.* »

Je demandai à Monseigneur quand il voulait que je parte.

— C'est aujourd'hui dimanche, dit-il, et aussi trop tôt à cause de vos préparatifs. Il n'y a rien qui presse.

A ce moment l'Evêque de Grenoble s'amène et dit :
— Monseigneur, je crois que vous avez dit à Mélanie *toute* la dépêche, vous pouvez bien me la dire à *moi*.

Et mon saint Evêque répondit humblement : — Excusez-moi, Monseigneur, il y a, dans la dépêche, des choses pour elle et pour moi. Ce qui n'est pas un secret, c'est qu'elle est mandée à Rome.

— Ah bien ! Et savez-vous pourquoi ? ce qu'elle va y faire, Monseigneur ?

Silence de mon saint Evêque.

— C'est très-bien, nous partirons ce soir ensemble.

Alors je dis : — Je ne voyage pas le dimanche.

Mgr de Grenoble : — Mais vous devez obéir au Pape !

— Le Saint-Père ne m'a pas dit de partir au reçu de la dépêche.

Regardant mon saint Evêque, il lui dit : — Il faut lui commander de partir ce soir avec moi, Monseigneur.

— Monseigneur, elle ne peut pas partir comme cela. Il faut bien, si elle a quelque chose à préparer, lui en donner le temps.

— Obéissez ! obéissez ! Vous savez que je suis l'Evêque de Grenoble ! et j'ai tant de choses à vous apprendre, à vous dire et à vous demander. Voyez, c'est ce soir, à dix heures, que nous devons prendre le chemin de fer pour Rome. Vous vous y trouverez, n'est-ce pas ?

— Je ne sais pas, Monseigneur.

— Ah ! mais il le faut !... Monseigneur, s'écria-t-il, obligez-la, commandez-lui de partir ce soir avec moi.

Mon saint Evêque, pâle comme la mort, lui répondit : — Je n'ai pas l'art de commander aux personnes qui obéissent au moindre signe. Pas plus que le Saint-Père je ne puis savoir si elle a quelque préparatif à faire avant son départ.

Pour en finir, je dis que je me retirais. Il était nuit.

L'Evêque de Grenoble en me disant : « Au revoir, à dix heures ! » rentra dans le salon, et je pus parler et prendre l'obéissance de mon saint Evêque qui me dit : — Monseigneur de Grenoble me conduira dans la tombe. Si vous pouvez, partez ce soir pour me l'enlever d'autour de moi. Je vous donnerai le père Fusco et votre compagne. Vous partirez quand vous pourrez, ce soir, et que le bon Dieu vous bénisse.

Arrivée chez moi, nous nous concertons, croyant que je ne resterais que deux ou trois jours à Rome. Comme j'y avais envoyé la Règle de la Mère de Dieu depuis environ un mois : — Je crois, dit le Père Fusco, que vous êtes mandée pour s'entendre au sujet de la fondation des Apôtres des derniers temps. Car l'Evêque de Grenoble nous a dit à l'Evêché, qu'étant allé à la Sacrée Congrégation des Evêques et Réguliers pour qu'on se hâte d'approuver sa Règle, le cardinal Ferrieri lui avait fait entendre qu'en ce moment il était très-occupé, et que Mgr pouvait, pendant au moins huit jours, passer son temps à visiter les monuments de Rome et des environs. Voilà pourquoi l'Evêque de Grenoble est venu ici.

Nous combinâmes alors de prendre à Castellamare le train de neuf heures du soir.

A dix heures, nous étions à Naples. Nous dûmes attendre le train qui partait pour Rome. Permission de Dieu !... l'Evêque de Grenoble arrive tout essoufflé :

— Il y a une demi-heure que je vous cherche !... Eh bien, venez, nous allons prendre place.

Je remerciai Monseigneur et lui dis que *nous* voyageons toujours en troisième classe.

— Mais, dit-il, est-ce qu'il y a quelqu'un avec vous ?

— Un prêtre et ma compagne, Monseigneur.

— Ils peuvent se mettre dans un autre wagon, dit Monseigneur. Donnez-moi votre billet, j'y ferai ajouter un supplément de première classe.

Je lui dis que mon saint Evêque ayant eu la bonté de me donner ces personnes pour m'accompagner, je ne pouvais pas m'en séparer.

Presque fâché, Monseigneur dit : — Je paierai encore un supplément pour eux. Mais savez-vous pourquoi vous êtes mandée à Rome ?

Je répondis : — Non, et je ne m'en inquiète pas.

Nous partons. L'Evêque de Grenoble, qui avait tant de choses à dire, ne me dit rien. Mais j'étais bien peinée de voir que le Père Fusco et ma compagne étaient regardés de travers, et on aurait dit avec colère.

Le P. Berthier n'avait pas l'air satisfait : il n'avait pas réussi, en fermant la portière, afin que mes compagnons ne pussent monter dans notre compartiment : aussitôt la porte s'était ouverte, et le P. Fusco, en entrant, avait dit :

— Excusez-moi, Monseigneur, si je prends la liberté d'entrer ici ; c'est pour me conformer à notre Mgr l'Evêque de Castellamare, qui désire que je ne quitte pas Sœur Marie de la Croix.

Et l'Evêque de Grenoble n'avait rien répondu.

Lundi, à sept heures du matin, nous arrivions à Rome, et là, nous nous séparâmes. Monseigneur et le P. Berthier s'en allèrent au Séminaire Français, il me semble ; et nous fûmes dans une Eglise, où le P. Fusco célébra la Sainte Messe. Après, nous fûmes loger dans un hôtel, où nous demeurâmes, je crois, plus de huit jours.

Dès le premier jour, je fis annoncer mon arrivée au cardinal Ferrieri pour me mettre à sa disposition. Son Eminence me fit dire qu'il m'avertirait d'avance pour le jour qu'il aurait besoin de moi.

Nous étions donc en liberté, tous les jours après la Sainte Messe ; et nous passions les après-midi agréablement en Dieu, en visitant les belles Eglises de la Maggiore, di S. Paulo hors les murs, l'Eglise qui a un grand tableau représentant Notre-Dame de la Salette, et les Catacombes. Mais nos premières visites furent aux personnages connus de nous pour être très-croyants, très-dévots à Notre-Dame de la Salette, par exemple, les cardinaux Consolini et Guidi, qui, gracieusement, m'offrirent leurs services dans n'importe quelles circonstances. Et je leur remis à l'un comme à l'autre, une copie du Secret que je voulais publier avec l'*Imprimatur* de Mgr Petagna, mon saint Evêque de Castellamare di Stabia.

L'Evêque de Grenoble, avec une bonté grande, envoyait tous les jours, souvent deux fois par jour, le P. Berthier pour prendre de nos nouvelles ; et surtout ce dernier s'informait beaucoup auprès du Maître d'hôtel, si nous nous absentions souvent, si nos absences étaient longues, s'il savait où nous allions, ce que nous faisions et si nous recevions des visites. Un jour, je crois, le troisième, le maître d'hôtel nous dit :

— Le prêtre qui vient tous les jours et qui est avec l'Evêque de Grenoble, est venu me dire de la part de cet Evêque, qu'il se chargeait de me payer toutes les dépenses que vous ferez ici, et pour tout le temps que vous resterez à Rome.

Pour ne plus y revenir, je dis ici que, lorsque je dus entrer chez les Salésianes et mes compagnes retourner à Castellamare, je priai le maître d'hôtel de vouloir bien faire tenir la note de notre dépense à l'Evêque de Grenoble. L'Evêque répondit qu'il ne connaissait pas cette note. (1) Le maître d'hôtel lui rappelle la promesse qu'il lui avait faite par deux fois. L'Evêque ne voulut rien entendre. Ce pauvre maître d'hôtel n'en revenait pas d'étonnement. Je pris alors la note et je payai, tout en consolant ce pauvre monsieur.

Il faut encore dire ici ce que je n'ai su de bonne source qu'après. Mgr de Grenoble ne perdit pas son temps après notre arrivée à Rome. Il se rendait dans les Sacrées Congrégations, chez des Cardinaux, des Evêques, pour savoir dans quel but, pour quelle raison la Bergère de la Salette « a été mandée à Rome ». Et s'il n'obtenait pas satisfaction, il allait s'informer ailleurs. Quelqu'un lui dit que le Cardinal Ferrieri avait la Règle que la Sainte Vierge a donnée à Mélanie, et que « le Secrétaire du Cardinal Ferrieri, Mgr Bianchi, doit être bien pour savoir ces choses. » Quand l'Evêque de Grenoble eut cette lumière, il chercha Mgr Bianchi, qui lui annonça qu'il y avait un Congrès pour cette affaire. L'Evêque de Grenoble reconnut en Mgr Bianchi l'homme capable de l'aider pour combattre contre « la Règle de Mélanie ». L'Evêque de Grenoble chercha (ou acheta, m'a-t-on dit) d'autres prélats.

II

Vers la fin de la semaine, le Cardinal Ferrieri me fit dire le jour et l'heure que j'étais attendue. Nous arrivons dix minutes plus tôt. Nous restâmes pendant ce temps dans la salle d'attente. A chaque instant on sonnait : c'étaient

---

(1) Cet endroit, non plus que le précédent, n'a pas été souligné par Mélanie.

toujours des évêques, et la personne chargée de la porte leur disait :

— Son Eminence ne reçoit pas : il y a un Congrès extraordinaire...

Ce fut là, pour la première fois, que je sus que je venais à un Congrès. Il y eut deux ou trois Evêques, l'un après l'autre, qui insistèrent pour entrer, et l'un d'eux disait avoir été invité par l'Evêque de Grenoble. On ne les laissa pas entrer.

L'heure est passée, l'Evêque de Grenoble ne venait pas. Le Cardinal Ferrieri me fit entrer et m'asseoir à côté de lui ; tandis que son secrétaire, Mgr Bianchi, feuilletait des papiers.

Le Cardinal me dit :

— Y a-t-il longtemps que vous n'êtes pas allée sur la montagne de la Salette ?

— J'y suis allée en 1871.

— Les connaissez-vous, ces religieux et leur genre de vie ?

— Je ne connais pas leurs personnes : ils ne m'ont jamais adressé la parole ; pas même pour se renseigner sur la sainte Apparition. Quant à leur genre de vie, privée ou publique, par entendu dire, ils ne sont que des médiocres séculiers, sans foi, sans zèle, ne s'occupant qu'à amasser de l'argent, jaloux, calomniateurs et de cœur dur. Cela m'humilie, Eminence, parce que c'est bien plus fort que cela, ce que je ferais et serais, sans la Divine grâce.

— Avez-vous vu ? Avez-vous été témoin de quelque chose qui ne soit pas selon Dieu ?

— Je dirai, Eminence, ce qui m'a frappée, ce qui m'a péniblement impressionnée. C'était, je crois, en 1854. Pendant que l'Evêque de Grenoble cherchait le moyen de se débarrasser de moi par l'exil, il m'envoya pour environ un mois, sur la montagne de la Salette. C'était en février. Malgré la neige et le mauvais chemin, tous les jours, quelques pèlerins arrivaient à dos de mulet. Un jour arriva une riche dame. Alors tous les Pères allèrent à sa rencontre avec force cérémonies ; et comme le muletier voulait entrer aussi, parce qu'il était porteur des bagages de cette dame et que, d'ailleurs, il avait besoin de se reposer et de prendre quelque chose, un Père prit le bagage et ferma brusquement la porte au nez du pauvre muletier, qui était transi de froid. Il vint entendre la Messe à genoux. Vers la fin du Saint Sacrifice, cet homme tomba avec fracas. Je vais à lui pour l'aider à se relever et le fais asseoir. Or, ni les Pères, ni les personnes attachées à leur service ne se déplacèrent ; ni, après la messe, ne lui offrirent quelque chose à boire. Ah ! si j'ai regretté d'être trop pauvre, c'est ce jour-là, je n'avais pas un centime ! Je descends et rencontre Mme Denaz, qui me dit :

— Allez à la cuisine, vous y trouverez votre café.

J'y cours, je prends ma tasse et vite la porte à ce pauvre homme. Après, en me remerciant, il me dit :

— Vous m'avez remonté. Quand je suis parti de Corps, c'était trop matin. Et puis, marcher dans la neige pendant trois heures, c'est fatigant. Cette Dame m'avait bien dit de demander quelque boisson aux Pères et à sa charge ; ils ne m'ont pas laissé entrer ; et vous allez voir qu'ils se feront bien payer pour ce que je n'ai pas pris. C'est toujours comme cela que font ces Pères ; aussi ils ne sont pas aimés.

Je reporte ma tasse et Mme Denaz (elle était la belle-sœur d'un des Pères) me dit :

— Je suis sûre que vous n'avez pas pris votre déjeuner, que vous l'avez fait prendre au muletier. Si vous restez longtemps ici, la maison serait bien vite sans ressources et nous serions réduits à manquer de tout.

Quelques jours après, parmi les pèlerins qui arrivèrent, se trouvait un pauvre qui demandait l'aumône aux étrangers. Par cas, je me trouvais dans le magasin des Pères, quand le pauvre mendiant, avant de quitter la Sainte Montagne, voulut acheter une simple médaille de Notre-Dame de la Salette. La personne qui tenait le magasin met la médaille sur le comptoir : le pauvre la prend et la baise avec amour, et la personne prend le sol, mais s'aperçoit que ce n'est qu'un demi-sol ! Vite, vite, elle rappelle le pauvre, lance contre lui son demi-sol, et se fait rendre la médaille (les demi-sols étaient alors en circulation dans tous les commerces de France).

Le pauvre avait beau dire qu'il n'avait que ce demi-sol, la personne était inflexible. Pour en finir, je donnai le sol et pris la médaille que je donnai à cet homme. Là haut, on ne sait pas, quand on donne aux pauvres, qu'on prête à Dieu.

Par cette occasion de me trouver dans le magasin des Pères, je voulus m'assurer si, comme ils me l'avaient dit, ils ne vendaient absolument que des objets de piété. J'y trouvai des bijoux pour ornements des dames, des tabatières, etc., etc.

Il me semble, Eminence, que sur ce lieu saint, où la la Très-Sainte Vierge a versé tant de larmes, où elle nous a rappelé l'observance de la sanctification du dimanche, il me semble, dis-je, que si ces Pères étaient pénétrés de la hauteur de leur mission, ils sacrifieraient leur avarice, et seraient les premiers à donner le bon exemple, en fermant leurs marchandises les saints jours de repos.

Voici Mgr de Grenoble qui arrive : il salue en militaire avec la main au front. Il y a une petite discussion à la porte : c'est le P. Berthier qui veut entrer. On ferme la porte, et tous, nous nous asseyons. Le Congrès commence.

Le cardinal Ferrieri dit :

— Eh bien ! Monseigneur, on dit que vous avez fait une Règle pour vos missionnaires.

— Oui, Eminence.

— Et saviez-vous que la Sainte Vierge en avait donné une à Mélanie ?

— Oui, Eminence, mais ma Règle est bien autre que celle de Mélanie.

— Et comment cela vous est-il venu en tête de faire une Règle, tandis que vous saviez que la Très-Sainte Vierge en avait donné une à Mélanie ?

(Silence de Mgr Fava).

— Mais, au moins, vous avez consulté Mélanie pour faire votre Règle ?

(Silence de Mgr Fava).

Le cardinal s'adressant à moi me dit :

— Est-ce que Monseigneur ne vous a pas consultée quand il fit sa Règle ?

— Non, Eminence, jamais.

— Eh bien ! nous ordonnons que Mélanie aille sur la Montagne de la Salette, avec la Règle qu'elle a reçue de la Sainte Vierge, et qu'elle la fasse observer par les Pères et les Religieuses.

— Eminence, dit Mgr Fava, je n'accepterai la Règle de Mélanie, que quand l'Eglise m'aura **prouvé** qu'elle vient de la Sainte Vierge.

Et Mgr Bianchi, secrétaire, qui, selon les lois et les Règles ecclésiastiques, n'était ici que pour écrire les demandes, objections et réponses, mais **vendu**, dit :

— Eminence, vous ne savez pas que les Religieuses sont comme cela avec Mélanie ?

En disant ces paroles, il mit ses deux index l'un vis-à-vis de l'autre, en les faisant battre.

Alors je dis :

— Je n'ai jamais parlé avec les Sœurs qui sont là-haut. Comment pouvons-nous être en désaccord. Je l'ignore.

Son Eminence me demanda ce que je pensais de ce que venait de dire Monseigneur de Grenoble.

— Je me soumets en tout aux décisions de la Sainte Eglise !

Je compris bien, après, que j'aurais dû dire : « aux décisions du Saint-Père ». Ma bévue a été grande.

Monseigneur, désireux de savoir pourquoi les prélats qu'il avait achetés comme avocats n'étaient pas venus, s'en alla, et, restée seule, je témoignais de mon étonnement, au cardinal Ferrieri, de la solennelle rébellion de Mgr Fava contre la décison du Saint-Père, Il me dit :

— Que voulez-vous, *les Evêques Français sont tous des Papes !* Nous sommes obligés de les ménager pour ne pas occasionner un schisme. Ils ne sont pas Romains Papistes. Nous les supportons pour éviter un plus grand mal... Ah ! si vous saviez combien nous avons à souffrir de leur part.

Pour faire comprendre ce qui suit de la relation du Congrès, je dois dire que, depuis quelques mois, deux ou trois bons prêtres, désireux de se dévouer à l'œuvre des Apôtres des Derniers Temps, vivaient en communauté dans le premier étage du même palais que nous. Nous habitions le second étage, dans une autre aile du palais. — Il est bien, il me semble, inutile de dire que tout se faisait avec la bénédiction de Mgr Pétagna, de glorieuse mémoire.— Et pendant deux ou trois ans, j'ai payé le loyer de cet étage, avec les subsides que j'avais reçus pour la fondation de cette œuvre de la Mère de Dieu.

Ces bons Pères vivaient dans la retraite, la pénitence, la prière et l'étude sacrée. Ils ne montaient chez nous que pour les repas. — Un de ces Pères vit encore : on peut le consulter si on a quelque doute. — De tout cela je n'avais rien dit, ni rien laissé suspecter à l'Evêque de Grenoble, lorsqu'il vint chez moi à Castellamare di Stabia ; mais je pense que le fin Père Berthier ne perdait pas son temps, pendant que je m'entretenais avec Mgr Fava, et qu'il aura fait des questions aux personnes de la maison, et aussi à d'autres personnes qui, avec la meilleure bonne foi, l'auront mis en lumière. C'est pourquoi Mgr Bianchi, dès que le cardinal Ferrieri eût terminé et qu'il se levait de son siège, dit :

— N'est-ce pas, Eminence, qu'il ne faut pas élever autel contre autel ? On dit que Mélanie a des prêtres, tandis qu'il y a les bons missionnaires sur la montagne de la Salette : elle élève autel contre autel.

— Oh ! non, dit simplement son Eminence.

Et je dis :

— Je ne crois pas, Monseigneur, élever autel contre autel. Les Pères de la Salette sont missionnaires de la Salette, tandis que ceux d'Italie sont les missionnaires de la Mère de Dieu, et ils observent sa Règle.

— C'est mal, c'est mal, il ne faut pas faire cela, dit Mgr Bianchi.

Et nous nous séparâmes : le Congrès prit fin.

En sortant, je retrouvai mes compagnons dans l'antichambre. Ils me racontèrent les vives instances du Père Berthier pour assister au Congrès, comme avocat de Mgr Fava ; ainsi que la fâcheuse mine de ce dernier, quand, en entrant, il ne trouva pas les Evêques qu'il avait invités. Par deux fois il demanda si un tel et un tel Evêque n'était pas venu. On lui répondit que beaucoup d'Evêques étaient venus, mais n'étaient pas entrés. Comme s'il eût été furieux, il avait repris :

— C'est moi qui leur ai dit de venir ; ils l'avaient promis : ils étaient engagés.

Et, s'adressant à la personne qui avait gardé la porte :

— Peut-être que les Evêques sont venus. Pourquoi ne sont-ils pas entrés ?

— Parce que j'avais la consigne de ne laisser entrer personne, Excellence.

III

Comme toujours, le Père Berthier vint à notre hôtel prendre de nos nouvelles.

Le jour après, l'Evêque de Grenoble m'envoya chercher par le père Berthier : Sa Grandeur voulait me faire visiter le... je ne sais pas précisément si c'est le Collège ou le Séminaire Français : c'était là que logeait l'Evêque de Grenoble, et où les femmes n'entrent jamais. Mais Monseigneur se faisait fort contre tous les règlements.

Le P. Berthier croyait sans doute, et de bonne foi, que Lui, étant venu me chercher, je serais allée seule avec lui. Mes fidèles compagnons de voyage se trouvèrent à partir avec moi. Nous entrâmes dans le parloir, où Mgr de Grenoble attendait ; et son déplaisir, en voyant que je n'étais pas seule avec le P. Berthier, se manifesta sensiblement à nos yeux.

— Eh bien, me dit-il, vous voilà. Attendez un instant.

Je vais solliciter la permission pour *vous* au supérieur ; puis nous visiterons le Séminaire.

Et il s'éloigna.

Pendant ce temps, je pensais :

— Monseigneur n'obtiendra pas la permission. Il me semble que c'est bien ici que se trouve ce Directeur (ou professeur) qui ne croit pas à la Salette ; il fait même du mal aux séminaristes.

Je vois revenir Monseigneur. A son allure, je vois qu'il n'est pas satisfait. Il dit quelques paroles à voix basse ; puis il vint à moi ; puis il me fit retirer à part, et me demanda ce que j'allais dire au Pape.

— Je n'en sais rien, Monseigneur, car cela dépendra de ce que le Saint-Père me dira ou me demandera.

— Mais vous devez bien savoir un peu ce que le Pape vous dira ?

— Non, Monseigneur. Je n'ai pas encore pensé de penser à ce que me dira le Saint-Père.

— Ah ! vous n'êtes donc pas instruite : vous ne savez donc pas que le Pape n'est pas une personne comme une autre : et l'on doit penser, préparer ce que l'on a à lui dire.

— Ne sachant pas sur quel sujet, ni sur quoi le Saint-Père daignera me parler, je ne puis penser ; je m'abandonne, tout à la sainte volonté du bon Dieu.

— Eh ! bien, écoutez-moi bien. J'ai ici quelques billets de cent francs pour **VOS MENUS PLAISIRS.** Si le Pape voulait vous faire faire quelque chose ; à tout vous répondrez au Pape : que vous ferez comme voudra l'évêque de Grenoble et tout de la manière que voudra l'Evêque de Grenoble. Et si le Pape vous disait d'aller à tel endroit et faire telle chose ; vous lui direz : « Je veux aller là où l'Evêque de Grenoble me dira d'aller ; je veux dépendre en tout de l'Evêque de Grenoble, qui est mon VÉRITABLE SUPÉRIEUR. » *Et ces billets de banque sont pour* **VOS MENUS PLAISIRS.**

Je répondis :

— Monseigneur, je ne dirai au Très-Saint-Père que ce que ma conscience me dictera au moment même que j'aurai l'insigne faveur de lui parler. Vos raisonnements sont bons, Monseigneur, mais ils ne sont pas les miens.

Et l'Evêque de Grenoble qui m'offrait (mais il tenait toujours les billets de banque sur l'ourlet, sur le bord de son portefeuille), se mit à les renfermer soigneusement. Et nous nous séparâmes. Et il n'envoya plus à l'hôtel prendre de nos nouvelles.

En nous en retournant à notre hôtel, mes compagnons me dirent :

— Pourquoi l'Evêque de Grenoble tenait-il en mains son portefeuille ouvert, tout le temps qu'il vous parlait ?

— C'est que son Excellence voulait m'acheter. Le marché n'a pas réussi : il a gardé ses billets de banque, et moi ma liberté de conscience.

Depuis ce jour, je ne revis plus l'Evêque de Grenoble, ni le Père Berthier.

IV

Ce fut, à ce qu'il me semble, le *trois Décembre*, que j'eus la grâce d'une audience avec le Saint-Père Léon XIII.

Mes deux compagnons m'avaient sollicitée de demander à Sa Sainteté la faveur de lui baiser les pieds. Hélas ! Hélas ! l'entourage du Saint-Père était prévenu contre nous !... Le Saint-Père seul ignorait les intrigues ; et de cela j'avais parlé à son Eminence le cardinal Guidi, avant de me rendre chez le Saint-Père au Vatican.

Le Saint-Père me reçut avec bonté et me dit en bon français :

— Bien ! vous allez partir tout de suite pour la montagne de la Salette, avec la Règle de la Très-Sainte Vierge, et vous la ferez observer aux prêtres et aux religieuses.

(Ces paroles du Saint-Père confirmèrent ma pensée, que le Saint-Père n'avait encore rien su de ce qui s'était passé au Congrès.)

— Que suis-je, Très-Saint-Père, pour oser m'imposer ?

— Oui, je vous dis : Vous allez partir avec Monseigneur de Grenoble, et vous ferez observer la Règle de la Sainte Vierge.

— Très-Saint-Père, permettez que je vous dise que, depuis longtemps, ces prêtres et ces religieuses vivent de la vie plus que séculière ; et qu'il leur sera très, très-difficile de se plier à une Règle d'humilité, d'abnégation. Il me semble plus facile de faire cette fondation avec des personnes séculières de bonne volonté, plutôt qu'avec toutes celles qui sont sur la montagne, et qui sont loin d'être de bons chrétiens.

— Ecoutez. Vous allez aller là-haut avec la Règle de la Sainte Vierge, que vous leur ferez connaître. Et ceux qui ne voudront pas l'observer, l'Evêque les enverra dans quelque paroisse.

— C'est bien, Très-Saint-Père.

— Vous allez donc partir, et partir tout de suite. Mais comme, pour l'ordinaire, quand le bon Dieu daigne donner un règlement de vie monastique, il donne, il communique à la même personne l'esprit dans lequel doit être observé le Réglement, c'est pourquoi il faut que vous l'écriviez, quand vous serez à Grenoble, avant de monter sur la montagne de la Salette, et que vous me l'envoyiez.

— Oh ! Très-Saint-Père, de grâce, ne m'envoyez pas à Grenoble, sous Mgr Fava ; parce que je n'aurai pas ma liberté d'action.

— Comment, comment cela ?

— Mgr Fava m'ordonnerait d'écrire comme il veut, non comme veut l'Esprit-Saint.

— Mais non ! mais non ! Vous vous mettrez seule dans une chambre et vous écrirez. Quand vous aurez écrit bien des pages, vous me l'envoyez A MOI.

— Très-Saint-Père, pardonnez si j'ose vous manifester mes difficultés : quand j'aurai écrit deux pages, Monseigneur de Grenoble m'ordonnera de les lui remettre ; et, sous prétexte de mieux faire, il changera le tout, en m'ordonnant de copier ses explications sur le mode de pratiquer la Règle de la Sainte Vierge.

— Oh ! mais non. Voici ce que vous ferez : Quand vous aurez écrit partout dans une feuille, vous la mettrez vous-même dans une enveloppe, que vous cachetez bien, et vous mettez mon adresse comme cela : **Sa Sainteté le Pape Léon XIII** ; que c'est moi (sic), en mettant sa main sur sa poitrine).

— Très-Saint-Père, pardonnez si, de nouveau, j'ose manifester la répulsion que je sens en moi d'écrire sous l'autorité de Mgr de Grenoble. Sa Grandeur décachètera mon enveloppe, changera mes écrits, et fera copier sa réforme par une autre personne : de sorte que ce ne seront plus mes écrits qui parviendront à Votre Sainteté.

— Oh ! mais non. L'Evêque de Grenoble ne ferait pas cela !

— Très-Saint-Père, j'ai passé par ces voies : le vieux serpent ne dort jamais !

— Et comment faire ?

— Envoyez-moi, Très-Saint-Père, en tout autre pays, pourvu que je ne sois pas sous l'Evêque de Grenoble.

— Comment faire : j'ai donné ordre que vous iriez sur la Montagne de la Salette, pour faire observer aux prêtres et aux religieuses la Règle que la Très-Sainte Vierge vous a donnée, et qu'avant de monter, vous écriviez les Constitutions que vous m'enverriez ? Et vous savez que quand le Pape a donné un ordre, il ne peut pas revenir sur cela.

— Très-Saint-Père, Notre-Seigneur vous a confié tout pouvoir sur la terre pour gouverner son Eglise ; or la terre est spacieuse pour aller et revenir.

— Ecoutez. Priez bien cette nuit ; et demain je vous ferai dire ma décision.

— Très-Saint-Père, j'ai, dans la salle, le prêtre que mon saint Evêque de Castellamare a bien voulu me donner pour m'accompagner dans mon voyage, et une compagne : ils voudraient la faveur de votre bénédiction.

Aussitôt, l'Evêque Camérier, avec ennui, dit deux paroles au Saint-Père, qui paraissaient être un refus. Moi, ayant compris, je fis de nouveau ma demande. Enfin le Saint-Père dit de les faire entrer.

V

Nous rentrâmes à l'hôtel. Il était nuit. En peu de paroles j'écrivis à mon Saint Evêque, pour lui souhaiter la bonne fête : il s'appelait XAVIER.

Le jour après, nous sommes allés de nouveau chez son Eminence le Cardinal Guidi, pour lui rendre compte de mon entretien avec le Saint-Père ; du mauvais effet que m'a donné tout l'entourage de Sa Sainteté le Pape Léon XIII ; des difficultés éprouvées pour que mes compagnons pussent se faire bénir par le Saint-Père..., et enfin, de la décision du Saint-Père, qui était que je restasse à Rome pour faire mes écrits, etc., etc.

Son Eminence Guidi se montra fort étonnée et peinée, de ce que le Saint-Père n'avait pas reçu sa carte avec les quelques lignes qu'il lui avait adressées et envoyées par son secrétaire, afin de l'avertir, de le prémunir des pièges que les révoltés de la vérité de Notre-Dame de la Salette pouvaient lui tendre.

— C'est incroyable, disait son Eminence, qu'ils aient arrêté mon écrit adressé au Pape. Et cependant, la personne qui a fait cela n'ignore pas la peine, la censure qu'encourt toute personne qui se permet de s'emparer d'une lettre venant d'un cardinal et adressée au Pape. C'est si vrai, que, même un cardinal, ne peut, en aucune manière, briser un cachet d'une lettre, ou d'un objet d'un autre cardinal. Ce qui m'est arrivé pour mon adresse au Pape est très-grave.

Mes compagnons racontèrent à Son Eminence ce qu'ils avaient vu avant mon audience ; c'est-à-dire les billets de banque que Mgr de Grenoble voulait me donner, à condition que je ne dirais au Saint-Père que comme il allait me dire, lui, Evêque de Grenoble ; et qu'après avoir été instruite, j'avais élevé la voix en protestant et disant que je ne parlerais ou ne répondrais au Saint-Père que selon ma conscience, et ce que le Divin Maître m'inspirerait dans le moment ; puis l'air courroucé de l'Evêque de Grenoble.

Je dis, entre autre choses, à Son Eminence, que j'avais commencé d'écrire les Constitutions, étant à Castellamare di Stabia ; et que je désirais avoir ce cahier ; comme aussi quelque lingerie ; parce que je ne savais pas combien de temps me prendront ces écrits. Son Eminence, avec une paternelle bonté, dit à ma compagne :

— Envoyez tout ce dont Mélanie a besoin. Et vous me l'enverrez bien fermé, bien cacheté, à mon adresse que voici :

Et, tous les trois, nous reçûmes son adresse.

Puis Son Eminence ajouta :

— Mélanie, ayez soin, quand vous quitterez votre chambre où vous écrirez, de bien la fermer, de mettre la clef dans votre poche, toujours, toujours.

En sortant de chez son Eminence, nous nous dirigeons chez un papetier, pour acheter du papier, plumes, encre et divers objets, que je mis dans un foulard.

Nous nous retirions à notre hôtel, quand nous rencontrâmes le cardinal Ferrieri, accompagné de son Secrétaire, Mgr Bianchi. Il venait me chercher pour me conduire chez les Salésianes, *al monte Palatino*. Nous rentrons à l'hôtel, et là, seule avec le bon cardinal Ferrieri, il me renouvelle de la part du Saint-Père, que « Sa Sainteté désire que je ne reçoive personne, la curiosité des Romains étant grande ; leurs incessantes visites au parloir m'empêcheraient d'écrire. Elle désire que je sois parfaitement libre, tant d'écrire des lettres et de les cacheter moi-même, que d'en recevoir sans qu'elles aient été décachetées par qui que ce soit. »

Après nous partîmes.

(Il faut que je dise que j'avais averti ma compagne que, si je voyais de nouvelles scélératesses, je ne le lui ferais savoir qu'en deux mots, en langue grecque ; et c'est ce qui arriva.)

Pendant tout le trajet, Mgr Bianchi m'exhorta à ne pas me laisser influencer par personne : « qu'à Rome, on ne croit pas que je sois libre dans mes actions ; et que toujours on voyait ces deux personnes près de moi, pour me donner des ordres. Qu'elles ont trop d'influence sur moi, etc., etc. »

— Monseigneur, lui répondis-je, Mgr l'évêque de Grenoble a eu la preuve que je ne me laisse pas influencer. Il a eu la preuve que je me laisse encore moins acheter, c'est-à-dire, acheter ma liberté de conscience ; et sans aucun mépris pour son caractère sacré, j'ai méprisé les billets de banque qu'il m'offrait, pour que je répète au Saint-Père la leçon qu'il venait de me donner. Je désire que Dieu l'éclaire ; qu'il entre dans la voie de la justice : sinon il sera foudroyé par les maîtres qu'il aura servis.

Changeant la conversation, Mgr Bianchi me dit :

— Qu'est-ce que vous portez-là, dans ce paquet ?

— Des choses qui me sont nécessaires.

Monseigneur me laissa. Nous arrivions au monastère.

Son Eminence le cardinal Ferrieri me dit :

— J'ai une lettre du Pape pour la Communauté : pour vous présenter et vous recommander à ces bonnes religieuses. Entres autres recommandations, Sa Sainteté leur dit que vous devez avoir toute votre liberté, et la liberté de votre temps.

Le parloir s'ouvre. Je remercie chaudement son Eminence et j'entre.

Ma première visite fut au Très-Haut, dans son Sacrement d'amour. Puis je fus conduite dans ma cellule, vraie cellule de Visitandine, où les portes n'ont pas de serrure. Dedans, une petite table à écrire, deux chaises et un lit. C'est tout. Donc, je ne pouvais pas enfermer mes écrits sous clef, la sœur qui m'avait montré ma cellule s'étant retirée pour entendre la lecture de la lettre du Saint-Père.

VI

Trois ou quatre jours après, je reçus une lettre du P. Bernard, missionnaire de la Salette.

Sans m'étendre, je dis seulement que c'était une lettre de récriminations : « de ma désobéissance aux ordres du Pape, etc., etc. »

J'entrevis là l'action de Mgr de Grenoble et de Mgr Bianchi.

Je rendis grâces à Dieu de m'avoir délivré de leurs mains. — Et surtout lorsque je compris la manière dont l'Evêque de Grenoble voulait se débarrasser de moi, ayant, à Grenoble, le P. Berthier pour complice.

Après environ sept ou huit jours, je reçus de ma compagne le cahier, les papiers, la cire pour cacheter et un voile.

Ces divers choses avaient été soigneusement enfermées dans une boîte en bois, adressée à Son Eminence le cardinal Guidi qui attacha de nouveau la boîte avec de forts rubans rouges, et scella le tout, et à plusieurs endroits, avec son sceau sur cire.

Ce fut la Supérieure qui m'apporta la boîte, en plein jour. Or elle avait été ouverte et fouillée, les rubans étaient coupés et les cachets enlevés. J'en fis la remarque à la Supérieure qui me répondit humblement : qu'elle était arrivée *comme je la voyais*.

Déjà, j'avais remarqué que les lettres que je recevais avaient été ouvertes ; et de Castellamare di Stabia, on m'avait fait comprendre, en langue étrangère, que mes lettres envoyées de Rome, avaient été ouvertes au cabinet noir de Mgr Bianchi.

Je dois dire pour ne pas laisser croire qui est innocent

de bonne foi que la Supérieure n'était pour rien dans les trames de Mgr Bianchi et de l'Evêque de Grenoble. Elle était une machine inconsciente dont se servait Mgr Bianchi.

J'écrivis à Castellamare, et de là on écrivit au cardinal Guidi, qui envoya demander à la Supérieure si elle avait reçu, pour agir comme elle faisait, un ordre supérieur ? — Elle répondit négativement. — Il l'invita à « s'en tenir aux ordres du Pape ».

En attendant, j'écrivais de jour et une bonne partie de la nuit. Je désirais avoir terminé en deux mois.

Tantôt la Supérieure venait me dire d'aller faire quelques tours dans le vaste jardin ; tantôt elle me disait de tenir compagnie à une infirme ; tantôt d'aller visiter les caves, les souterrains du palais des Césars ; et tantôt de venir à la récréation. — Mgr Bianchi, qui, sans doute, voulait ma sanctification, donna de nouveaux ordres à la Supérieure. Il est inutile de prolonger cette narration... Quelques jours avant mon départ pour Castellamare, la Supérieure, qui déjà m'avait dit que Mgr Bianchi venait souvent demander de mes nouvelles, vint me faire presque des excuses: « Si, quelquefois, elle avait outrepassé la discrétion à mon égard. » — Je l'embrassai avec affection, en l'assurant qu'elle m'avait toujours traitée avec trop de bonté. — Elle m'ouvrit son cœur : entre autres choses, elle me dit :

— Le Saint-Père a envoyé, trois fois environ, le Cardinal Ferrieri pour savoir si vous écriviez ; si personne ne venait vous visiter, et si le temps ne vous dure pas, étant enfermée. — Son Eminence paraît vous estimer beaucoup. Il m'a demandé des nouvelles de votre santé ; il m'a recommandé de bien vous soigner.— Mgr Bianchi est venu, très-souvent, me demander bien des choses sur votre conduite dans la Communauté. Il me semblait tout irrité quand je lui disais du bien ; et me reprochait de ne pas assez vous faire pratiquer les vertus. Il m'avait ordonné de lui faire tenir toutes vos lettres, et aussi celles qui vous étaient adressées ; et, afin que vous ne voyiez pas qu'elles avaient été ouvertes, de ne vous les remettre que le soir, quand vous étiez à table. Il m'a commandé de vous humilier, surtout en public ; de vous contrarier, de vous contredire en tout : « Faites-là aller à vos offices. » Et dernièrement il me dit : « Tâchez qu'elle ne donne pas d'ambassade aux personnes qui viennent dans le Monastère. Quand elle se rend avec les religieuses, repoussez-là, dites-lui d'aller passer par où passent les mondaines. Ne lui faites garnir sa lampe du soir, que pour une petite heure. »

Après que j'eus fini mes écrits, je les fis porter au Cardinal Ferrieri pour le Saint-Père, ainsi que ma lettre adressée au Pape, dans laquelle je lui disais que j'étais à la disposition de Sa Sainteté, pour aller où elle me dirait d'aller.

Quinze jours passèrent et je n'eus aucune nouvelle. Un mois passé, toujours pas de nouvelles. Mais Mgr Bianchi est venu ces jours derniers. Je l'ai connu au zèle de la Supérieure. Cette fois-ci, on veut me faire Visitandine, on veut me cloîtrer. Déjà j'avais reçu cette nouvelle d'un prêtre français, à qui Mgr Fava avait écrit : « Enfin, elle est enfermée dans un cloître, d'où elle ne sortira jamais plus ! » — On avait compté sans le Très-Haut. Il est vrai qu'on a usé de tout le possible et l'impossible. — J'écrivis de nouveau au Saint-Père, qui probablement, n'a jamais reçu mes lettres.

Je tombe malade : je garde le lit quelques jours seulement ; mais les luttes continuaient bravement. La supérieure était jeune, les plus anciennes religieuses étaient à leur aise avec elle. C'est pourquoi, lorsque la Supérieure entrait avec moi à la récréation, une sœur dit :

— Ma Mère, Mélanie est trop faible pour venir ici. Voyez, elle semble une déterrée.

Et voyant que la Supérieure ne prenait pas garde, elle dit :

— Ma Mère, on nous a confié Mélanie bien portante, et voyez-la maintenant !

Un autre jour, la même sœur lui dit :

— J'aimerais beaucoup que Mélanie restât longtemps, et même toujours avec nous ; mais pas aux dépens de sa vie ; et vous savez comme elle nous a été recommandée. C'est devoir de conscience d'avertir le Saint-Père du danger qu'elle court.

En attendant, la lutte augmentait. Et par surcroît, il m'arrivait des lettres de la ville, où l'on me traitait de désobéissante, d'entêtée, de révoltée à la volonté du chef de l'Eglise, et presque d'une damnée !!!

Entre temps, la Supérieure vint me dire : « qu'il ne convenait pas que je fusse sans voile dans la maison ; tandis que les sœurs le portent. » Aussitôt je mis sur ma tête un voile que je ne quittai plus. — Puis elle m'insinuait de me faire Visitandine. Je lui dis que le Saint-Père Pie IX avait dit à mon saint Evêque que, « pour remplir ma mission, je ne pouvais pas être cloîtrée. » — Une autre fois, la sœur Placide dit à la Supérieure :

— Ma Mère, devant Dieu, pour la paix de ma conscience, je me décharge de la responsabilité que la Communauté avait acceptée, du soin de Mélanie, pour vous la laisser tout entière : parce que ce n'est pas à nous de donner d'ordres à Mélanie : c'est aux personnes qui nous l'ont confiée.

— J'ai écrit, dit la Supérieure, j'ai écrit deux fois.

Enfin, le Cardinal Ferrieri arriva ; et entre autres choses il me dit que le Saint-Père a décidé que je retourne à Castellamare : et que je pouvais écrire pour que quelqu'un vienne me prendre. Ce qui fut fait.

VII

Dès que je fus en route, hors du couvent, je demandai à ma compagne, s'il y avait encore, à Castellamare, des croyants au divin Message.

— Oui, me répondit-elle, mais à Rome, Mgr Fava, Mgr Bianchi et le Père Berthier n'ont cessé et ne discontinuent de semer partout calomnies criminelles et erreurs.

Ce qui se dit contre moi, repris-je, mes péchés le méritent ; et c'est un exercice de patience pour me bien faire entrer dans ma nullité. Quant au divin Message, il écrasera les ennemis du Très-Haut. DIEU ne dit-il pas, par la bouche de Jérémie, que sa parole est un feu ardent, et un marteau qui brise les pierres ? C'est pourquoi, qui s'insurge contre la parole de DIEU ne fait autre chose que d'être cause de la répandre davantage.

A ce moment arrivait à nous le bon Père Trévis, qui venait à notre rencontre. Entre autres choses, je lui dis :

— Avant de quitter Rome, je voudrais voir la nouvelle statue de Notre-Dame de la Salette, que Mgr Fava est venu commander.

Nous y allâmes.

Entrés dans les ateliers, nous vîmes diverses statues ébauchées. Une seule était finie. Mais aucune ne paraissait représenter une Vierge quelconque. Je dis au Père Trévis :

— Mais où est donc la statue, modèle de Mgr de Grenoble ?

— La voici, me dit le monsieur qui nous faisait visiter son atelier.

— Mais non ! mais non ! Monsieur ; ça ne peut pas être Notre-Dame de la Salette ! Elle n'a rien qui lui ressemble.

— Cependant, dit le monsieur, elle est exactement

faite sur le modèle que vous voyez là derrière, et que l'Evêque de Grenoble m'a donné. D'ailleurs il doit être bien renseigné comme Evêque du diocèse où l'Apparition eut lieu.

— Sa grandeur Mgr Fava, oui, devait être renseigné ; mais le fait est qu'il n'a jamais interrogé aucun des deux bergers. Son modèle est donc tout entier fantaisiste : et avec raison vous pouvez mettre sur le socle de sa *statue* : « **Statue de la vision privée de Mgr Fava !** » Elle ne sera jamais la statue de Notre-Dame de la Salette, dont on ne voyait pas les cheveux, et qui portait une grande croix sur sa poitrine. La madone, par charité, par compassion, *est venue nous enseigner en paroles et en exemple.* Un jour Dieu vengera le mépris fait à sa divine Mère !

Nous nous retirions. Le monsieur, à voix basse, demanda à M. Trévis : « qui était cette dame à l'air renseigné sur le costume de Notre-Dame de la Salette ? »

Comme j'allais quitter Rome dans la soirée, M. Trévis lui dit :

— C'est la Bergère de la Salette...

Nous nous dirigeâmes à l'hôtel, et de là à la gare pour Naples. C'est alors que le Père Trévis et ma compagne dirent les intrigues, les calomnies que Messeigneurs Bianchi, Fava et le Père Berthier avaient répandues à Rome et en France par écrit. Tout cela ne me touchait pas : c'était tout à mon profit. Ce qui me bouleversait, c'était la fausse statue en marbre commandée par l'Evêque de Grenoble, et qui devait être couronnée, cette même année 1879, sur la Montagne de la Salette !!!

— Mon Dieu ! ne permettez pas que l'erreur de l'Evêque de Grenoble et du Père Berthier triomphe ! Vous, à qui rien n'est impossible, arrêtez les vains complots des ennemis de la vérité. Ayez pitié de votre peuple ; ayez pitié de l'aveuglement de beaucoup de vos oints; convertissez-nous tous à vous, Seigneur Jésus !

Le soir, nous prîmes le train pour Naples-Castellamare di Stabia, et ce fut pendant ce voyage que mes compagnons m'apprirent la nouvelle guerre que les journaux noirs faisaient à la divine Apparition, qui disaient :

« Qu'en versant d'abondantes larmes, lorsque j'étais auprès du Saint-Père, je lui avais déclaré n'avoir rien vu sur la Montagne » ;

Qui disaient :

« Que le Pape ne croyait pas à l'Apparition ; et que c'est pour cette raison que *le Pape* fait faire une statue qui ne représentera pas Notre-Dame de la Salette » ;

Qui disaient :

« Le Pape ne veut plus qu'on mette les enfants devant les statues de Notre-Dame de la Salette » ;

Qui disaient :

« Mélanie n'a pas voulu obéir au Pape : elle est excommuniée » ;

Qui disaient :

« Le Pape a emprisonné Mélanie à Rome. Elle fait du tapage. Elle veut sortir, et le Pape ne veut pas qu'elle sorte, etc., etc. »

VIII

Nous voici arrivés à Castellamare. Une profonde tristesse me serre le cœur. Je ne retrouverai plus Monseigneur Petagna, mon saint Evêque.

Il avait quitté la terre d'exil depuis quelques mois ; il était allé recevoir la noble et sublime récompense que Dieu réserve à ses plus dignes Ministres, à ceux qui ont combattu le bon combat pour la justice.

Quelques mois après, les journaux et les imprimés pleuvaient de tous côtés, annonçant avec pompe : « *le couronnement de la statue en beau marbre blanc, exécutée sous les yeux du Souverain Pontife, selon le modèle que lui avait donné Monseigneur Fava !!* »

Entre temps, je recevais de Rome une lettre, et le jour après, j'en recevais plusieurs de diverses personnes, de Rome aussi, qui, toutes disaient à peu près ce qui suit :

« Je ne sais, chère Sœur, si vous avez entendu parler du bruit qui court à Rome ? On dit que, depuis mai dernier, la nouvelle statue de Mgr de Grenoble n'a pas été travaillée : parce que le sculpteur est atteint d'infirmité à un bras. »

Une autre lettre :

« Savez-vous, ma très-chère Sœur, que le sculpteur de la Vierge de Monseigneur Fava a été frappé de paralysie au bras. »

Une autre :

« On vient de nous apprendre que le couronnement de Notre-Dame de la Salette n'aura pas lieu cette année, à cause d'un accident arrivé au Maître sculpteur, qui a une paralysie dans les bras : il n'a pas pu faire à temps son travail. Ou, si le couronnement a lieu, on couronnera le modèle en *craie* (plâtre), en attendant que la statue en marbre s'achève... »

Ce qui est **vrai**, c'est qu'en septembre 1879, on a couronné, **avec grande pompe**, le modèle (**en plâtre !**) de Mgr Fava : par la raison que la reproduction en marbre n'avait pu être terminée. On n'en disait pas la raison vraie.

De plusieurs côtés on m'écrivait pour informations, et on me donnait les nouvelles qui circulaient en France et qui venaient de Mgr Fava et du P. Berthier. Tantôt c'était que « le sculpteur avait dû s'absenter ». Tantôt c'était qu' « il s'était trop fatigué. On lui avait ordonné un certain temps de repos, etc., etc. »

Mais, dans mon cher pays des montagnes, où les journaux ne pénètrent pas : les chemins de fer les plus rapprochés étant à plus de quatre heures de voiture, on ne connaissait que ce que les Pères de la Salette disaient, c'est-à-dire : « La statue en marbre blanc sera très-ressemblante ; un chef-d'œuvre de l'art (1). Le modèle a été fait par Sa Grandeur Mgr l'Evêque de Grenoble ; et sur ce modèle merveilleux, la statue sera faite à Rome, *sous les yeux* du grand Pape Léon XIII. Les Bergers n'ont pas su rendre le costume de la Vierge. Notre grand Evêque Mgr Fava, a mieux compris et il pu rendre l'exactitude de ce costume du Ciel dans son modèle qui est ravissant de beauté (2). »

Le jour du couronnement, les foules étaient accourues. Je laisse la parole à un témoin oculaire qui m'a raconté le fait :

« La Basilique était parée. La nouvelle statue venue de Rome était sur le Maitre-Autel ; mais cachée par un rideau. Tout le monde palpitait du désir de voir la *vraie* Notre-Dame de la Salette. Les personnes qui se trouvaient au bas de la Basilique montaient sur leurs chaises, pour la voir des premiers. On trouvait l'office trop long. Enfin on entend un bruit sourd. C'était la foule qui disait qu'on avait vu bouger le rideau. Enfin, voilà le rideau qui se baisse lentement. On ne voyait encore que la tête, quand les habitants de nos contrées s'écrièrent :

---

(1) Ce *chef-d'œuvre de l'art* est d'une ânerie et d'une laideur incompréhensibles pour quiconque ignore la profonde inintelligence esthétique des chrétiens modernes.

(2) Il faut être missionnaire de la Salette ou rédacteur de *La Croix* pour écrire une telle réclame, où TOUS *les mots* sont ridicules.

« — Ce n'est pas ça ! Ce n'est pas Elle ! Elle a ses cheveux éparpillés sur ses épaules !

« Le rideau continuait à descendre ; et toujours et à mesure qu'on voyait plus distinctement, les personnes disaient avec étonnement :

« — Oh ! ce n'est pas Notre-Dame de la Salette : elle n'a pas sa Croix !

« — Oh ! on lui voit les mains, et elle a un manteau comme les demoiselles de Paris : ce n'est pas Elle, ce n'est pas Elle.

« Et ce fut une générale désapprobation ; jusqu'à ce que le chant couvrît les murmures de tous ces braves gens (1).»

Je réponds, ici, à deux demandes qui m'ont été faites souvent :

1° Pourquoi les Médailles et les Images représentant Notre-Dame de la Salette, ne sont-elles pas répandues en tous pays, comme le sont, ordinairement, toutes les autres médailles et images miraculeuses ?

2° Pourquoi ne trouve-t-on pas à acheter des médailles

---

(1) Le cardinal Guibert, délégué de Léon XIII, ne voulant, à cause de son grand âge, monter les marches du reposoir, un missionnaire prit le diadème et le plaça lui-même sur la tête de la statue de plâtre. On la mit au rebut, quand la statue de marbre fut achevée. Laquelle des deux est couronnée ? Ni l'une ni l'autre. 1° Le Saint-Père ne couronne pas une statue en plâtre. 2° Il est *essentiel* que la couronne soit placée par le délégué : il peut se faire aider, mais il faut qu'il intervienne physiquement. 3° La statue doit être celle qui sera honorée.
Le décret du couronnement de Notre-Dame de la Salette n'a donc pas été exécuté ! Quand on l'exécutera, on couronnera la vraie statue de l'Apparition. La prière de Mélanie : « Mon Dieu, ne permettez pas que l'erreur de l'Évêque de Grenoble et du Père Berthier triomphe, etc. » ne pouvait être plus complètement exaucée. Tout fut manqué, même *le Discours*. Mgr Paulinier qui devait le prononcer se trouva fatigué, Mgr Fava LUT des tirades contre les francs-maçons. Même la *procession*, on ne put la faire. Aucun ordre dans cette foule mécontente. — Aucun miracle n'a été accordé aux prières faites devant cette statue. Mélanie avait dit : « La statue du faux couronnement ne fera jamais de miracles. »

ou des images de Notre-Dame de la Salette, chez aucun des marchands d'objets de Piété ?

Cette question, je me l'étais faite à moi-même ; et je souffrais de cette privation. J'aurais voulu en acheter, pour répandre la dévotion à cette douce Mère partout où j'allais. Ce ne fut qu'en 1871 que je découvris le truc du vieux serpent.

J'étais venue en France voir ma regrettée mère ; puis à Lyon, pour voir une de mes sœurs. Après être allées à Fourvières, nous entrâmes dans presque tous les magasins d'objets de piété, sans avoir pu trouver une seule médaille ou image de la Salette !...

Alors, je dis à ma sœur :

— Sais-tu où se frappent ces médailles ?

— Oui, me dit-elle.

— Conduis-moi.

Nous arrivons et je demande cinq ou six grosses. La patronne me répond qu'elle n'en avait plus.

— Comment, lui dis-je. C'est bien ici que se frappent ces médailles qui se vendent sur la montagne de la Salette?

— Oui, me dit cette dame, mais les missionnaires nous ont donné leur confiance, en posant la condition que seront **exclus** tous les autres négociants d'objets de piété. Vous pouvez trouver des médailles chez les Pères de la Salette.

Voilà comment j'ai appris, le cœur rempli de douleur, pourquoi, dans les autres magasins, les médailles de Notre-Dame de la Salette ne se trouvent pas.

Ne faut-il pas que ces pauvres misérables Pères aient perdu de vue le Très-Haut, leur âme, l'éternité des peines, pour oser substituer leur gloire, leur intérêt matériel, à la gloire de ce Dieu qui doit les juger ?... oh !... oh !... où en en sommes-nous arrivés !... Et ces êtres osaient se dire les Missionnaires de la Salette, tandis que toute leur préoccupation était d'entasser trésors sur trésors, et qu'ils haïssaient les pauvres ! Ils ont laissé avoir faim le bon, le désintéressé, le vertueux Maximin, qui aurait fait pleurer de compassion les pierres !

Sœur Marie de la Croix, Bergère de la Salette.

Pour copie conforme, 18 mai 1904.

H. Rigaux,

Curé d'Argœuves.

Les notes qu'on trouvera ici, à chaque page, et qui forment un commentaire suivi du récit de la Bergère, sont de la main d'un excellent prêtre qui eut l'honneur de connaître Mélanie, personnellement, et d'être son directeur de conscience, vers les derniers temps de sa vie.

L'APPARITION

DE LA

TRÈS-SAINTE VIERGE

SUR LA MONTAGNE DE LA SALETTE

LE 19 SEPTEMBRE 1846

Publiée par la **Bergère** de la Salette
avec Imprimatur de Mgr l'Évêque de Lecce

« Eh bien ! mes enfants, vous le ferez passer à tout mon peuple. »

I

Le 18 septembre, veille de la sainte Apparition de la Sainte Vierge, j'étais seule, comme à mon ordinaire, à garder les quatre vaches de mes Maîtres. Vers les onze heures du matin, je vis venir auprès de moi un petit garçon. A cette vue, je m'effrayai, parce qu'il me semblait que tout le monde devait savoir que je fuyais toutes sortes de compagnies. Cet enfant s'approcha de moi et me dit : « Petite, je viens avec toi, je suis aussi de Corps ». A ces paroles, mon mauvais naturel se fit bientôt voir, et, faisant quelques pas en arrière, je lui dis : « Je ne veux personne, je veux rester seule ». Puis, je m'éloignais, mais cet enfant me suivait (1) en me disant : « Va, laisse-moi avec toi, mon Maître m'a dit de venir garder mes vaches avec les tiennes, je suis de Corps ».

---

(1) Mélanie avait alors quatorze ans et dix mois, mais ni grande ni forte, elle en paraissait à peine dix. Elle était par tempérament très-timide, et ses longues années de services chez des étrangers, ainsi que le peu de tendresse de sa mère *qui ne l'avait jamais embrassée*, n'avaient pas servi à réformer ce défaut de caractère. Mais la pieuse enfant, que le Ciel avait visitée longtemps avant 1846, recherchait surtout la solitude pour être plus unie à Dieu. Son « Aimable Frère » lui avait dit : « Ma Sœur, fuyez le bruit du monde, aimez la retraite et le recueillement : ayez votre cœur à la Croix et la Croix dans votre cœur ; que Jésus-Christ soit votre seule occupation. Aimez le silence et vous entendrez la voix du Dieu du Ciel qui vous parlera au cœur ; ne formez de liaison avec personne et Dieu sera votre tout ».

Moi je m'éloignai de lui, en lui faisant signe que je ne voulais personne ; et après m'être éloignée, je m'assis sur le gazon. Là, je faisais ma conversation avec les petites fleurs du Bon Dieu.

Un moment après, je regarde derrière moi, et je trouve Maximin assis tout près de moi. Il me dit aussitôt : « Garde-moi, je serai bien sage » (1). Mais mon mauvais naturel n'entendit pas raison. Je me relève avec précipitation, et je m'enfuis un peu plus loin sans rien lui dire, et je me remis à jouer avec les fleurs du Bon Dieu. Un instant après, Maximin était encore là à me dire qu'il serait bien sage, qu'il ne parlerait pas, qu'il s'ennuierait d'être tout seul, et que son Maître l'envoyait auprès de moi... etc. Cette fois, j'en eus pitié, je lui fis signe de s'asseoir, et moi je continuai avec les petites fleurs du Bon Dieu.

Maximin ne tarda pas à rompre le silence, il se mit à rire (je crois qu'il se moquait de moi) ; je le regarde et il me dit : « Amusons-nous, faisons un jeu ». Je ne lui répondis rien, car j'étais si ignorante que je ne comprenais rien au jeu avec une autre personne, ayant toujours été seule. Je m'amusais seule avec les fleurs, et Maximin s'approchant

---

(1) Maximin n'avait qu'onze ans et portait au moins trois ans au-dessous de son âge. Il n'avait jamais été en service et n'avait été demandé à son père, charron à Corps, que pour remplacer, pendant huit jours, un berger malade. Le père s'y était refusé d'abord, disant que « Mémin », étourdi comme il était, laisserait tomber les vaches dans les précipices ; il n'avait cédé que sur la promesse qu'il y aurait toujours quelqu'un pour le surveiller. « Mémin » était aussi candide que vif, indiscret et espiègle : « *Garde moi, je serai bien sage* », quelle simplicité ! Mais c'était la turbulence et le mouvement perpétuel ; et quoique très-intelligent, il était si inattentif, qu'en trois ans son père avait eu de la peine à lui apprendre le « Notre-Père » et « Je vous salue Marie » ; il l'appelait « l'innocent ».

Mélanie ne savait ni ne comprenait le français. Maximin ne le parlait pas, mais il en comprenait *quelques mots.*

tout à fait de moi, ne faisait que rire en me disant que les fleurs n'avaient pas d'oreilles pour m'entendre, et que nous devions jouer ensemble. Mais je n'avais aucune inclination pour le jeu qu'il me disait de faire. Cependant, je me mis à lui parler, et il me dit que les dix jours qu'il devait passer avec son Maître allaient bientôt finir, et qu'ensuite il s'en irait à Corps chez son père, etc...

Tandis qu'il me parlait, la cloche de la Salette se fit entendre, c'était l'Angelus ; je fis signe à Maximin d'élever son âme à Dieu. Il se découvrit la tête et garda un moment le silence. Ensuite, je lui dis : « Veux-tu dîner ? — Oui, me dit-il. Allons. » Nous nous assîmes ; je sortis de mon sac les provisions que m'avaient données mes Maîtres, et selon mon habitude, avant d'entamer mon petit pain rond, avec le pointe de mon couteau, je fis une croix sur mon pain, et au milieu un tout petit trou, en disant : « Si le diable y est, qu'il en sorte, et si le bon Dieu y est, qu'il y reste » et vite, vite, je recouvris le petit trou. Maximin partit d'un grand éclat de rire, et donna un coup de pied à mon pain, qui s'échappa de mes mains, roula jusqu'au bas de la montagne et se perdit.

J'avais un autre morceau de pain, nous le mangeâmes ensemble ; ensuite nous fîmes un jeu ; puis, comprenant que Maximin devait avoir besoin de manger (1), je lui indiquai un endroit de la montagne couvert de petits fruits. Je l'engageai à aller en manger, ce qu'il fit aussitôt ; il en mangea et en rapporta plein son chapeau. Le soir, nous descen-

---

(1) Au lieu de gronder l'étourdi qui, d'un leste coup de pied, avait fait rouler au bas de la montagne le premier petit pain, non seulement elle partage avec lui le second, mais ne pense qu'au besoin qu'il doit avoir de manger, et ne songe pas à elle. Les privations, les pénitences que cette frêle enfant s'imposait depuis des années, et qu'elle a continuées toute sa vie, ont été plus qu'héroïques : elles ont été miraculeuses.

dîmes ensemble de la montagne, et nous nous promîmes de revenir garder nos vaches ensemble.

Le lendemain, 19 septembre (1), je me retrouve en chemin avec Maximin ; nous gravissons ensemble la montagne. Je trouvais que Maximin était très-bon, très-simple, et que volontiers, il parlait de ce dont je voulais parler ; il était aussi très-souple, ne tenant pas à son sentiment ; il était seulement un peu curieux, car quand je m'éloignais de lui, dès qu'il me voyait arrêtée, il accourait vite pour voir ce que je faisais, et entendre ce que je disais avec les fleurs du Bon Dieu ; et s'il n'arrivait pas à temps, il me demandait ce que j'avais dit. Maximin me dit de lui apprendre un jeu. La matinée était déjà avancée : je lui dis de ramasser des fleurs pour faire le « Paradis » (2).

---

(1) Le 19 septembre, cette année-là, tombait la veille de la fête de Notre-Dame des Sept Douleurs, dont l'Eglise récitait les premières Vêpres à l'heure même de l'Apparition. Le discours de la Sainte Vierge, son vêtement, ses larmes, le chemin qu'elle fit, qui a exactement les sinuosités de celui du Calvaire, tout fut en rapport avec cette fête, afin que nous ne doutions pas que nos révoltes contre Dieu et son Eglise sont les sept glaives qui, au pied de la Croix, ont transpercé son cœur.

(2) L'étourdi, dont tout le temps se passait à Corps en amusements de son âge, s'ennuie comme la veille et demande encore à jouer. La Bergère, qui ne s'est jamais amusée, lui apprend alors à faire un « Paradis » !...

Marie a réuni ses deux chers enfants, de caractère si opposés, et la main de sa providence a su amener « l'innocent » sur la montagne d'une manière si naturelle, que le berger remplacé, qui, demain, sera guéri et reprendra son service, dira avec une charmante ingénuité : « J'ai bien eu du malheur ! — Comment donc ? — Je suis tombé malade : sans cela j'aurais vu la Sainte Vierge ! C'est moi que *Mémin* a remplacé... Puis, *tout justement*, c'est pendant ces huit jours qu'il a vu la Sainte Vierge. Ah ! Monsieur, sans cette maladie, *c'est moi qui aurais vu* la Sainte Vierge ! »

Ce jeune homme était doux, tranquille et pieux. Mais il fallait à la Mère de Dieu un bon étourdi, comme Maximin, qui ne vît *rien* dans l'Apparition, et qui ne *s'aperçût* pas lui-même.

Nous nous mîmes tous les deux à l'ouvrage ; nous eûmes bientôt une quantité de fleurs de diverses couleurs. L'Angelus du village se fit entendre, car le ciel était beau, il n'y avait pas de nuages. Après avoir dit au Bon Dieu ce que nous savions, je dis à Maximin que nous devions conduire nos vaches sur un petit plateau près du petit ravin, où il y aurait des pierres pour bâtir le « Paradis ». Nous conduisîmes nos vaches au lieu désigné, et ensuite nous prîmes notre petit repas ; puis, nous nous mîmes à porter des pierres et à construire notre petite maison, qui consistait en un rez-de-chaussée, qui soi-disant, était notre habitation, puis un étage au-dessus qui était, selon nous, le « Paradis ».

Cet étage était tout garni de fleurs de différentes couleurs, avec des couronnes suspendues par des tiges de fleurs. Ce « Paradis » était couvert par une seule et large pierre que nous avions recouverte de fleurs ; nous avions aussi suspendu des couronnes tout autour. Le « Paradis » terminé, nous le regardions ; le sommeil nous vint ; nous nous éloignâmes de là à environ deux pas, et nous nous endormîmes sur le gazon.

La Belle Dame s'assied sur notre « Paradis » sans le faire crouler (1).

II

M'étant réveillée, et ne voyant pas nos vaches, j'appelai Maximin et je gravis le petit monticule. De là, ayant vu que nos vaches étaient couchées tranquillement, je redescendais

---

(1) Puisqu'il n'a pas encore été question de la Belle Dame, l'empressement de Mélanie à signaler cette particularité dénote son admiration de la bonté de la Sainte Vierge qui témoigna ainsi qu'elle avait agréé leur petite récréation.

et Maximin montait, quand, tout à coup, je vis une belle lumière, plus brillante que le soleil, et à peine ai-je pu dire ces paroles : « Maximin, vois-tu, là-bas ? Ah ! mon Dieu ! » En même temps je laisse tomber le bâton que j'avais en main. Je ne sais ce qui se passait en moi de délicieux dans ce moment, mais je me sentais attirer, je me sentais un grand respect plein d'amour, et mon cœur aurait voulu courir plus vite que moi (1).

Je regardais bien fortement cette lumière qui était immobile, et comme si elle se fût ouverte, j'aperçus une autre lumière bien plus brillante et qui était en mouvement, et dans cette lumière une Très-Belle Dame assise sur notre « Paradis », ayant la tête dans ses mains. Cette Belle Dame s'est levée, elle a croisé médiocrement ses bras en nous regardant et nous a dit : « *Avancez, mes enfants, n'ayez pas peur ; je suis ici pour vous annoncer une grande nouvelle.* » Ces douces et suaves paroles me firent voler jusqu'à elle, et mon cœur aurait voulu se coller à elle pour toujours. Arrivée bien près de la Belle Dame, devant elle à sa droite, elle commence le discours, et des larmes commencent aussi à couler de ses beaux yeux :

Si mon peuple ne veut pas se soumettre, je suis forcée de laisser aller la main de mon Fils. Elle est si lourde et si pesante que je ne puis plus la retenir.

Depuis le temps que je souffre pour vous autres ! Si je veux que mon Fils ne vous abandonne pas, je suis chargée

---

(1) Le premier sentiment de Maximin, qui n'avait jamais eu d'apparition et crut que Mélanie avait peur, fut différent. « Va, dit-il, prends ton bâton » et brandissant le sien avec menace : si elle nous touche, je lui en *jetterai* un bon coup ». — Déjà la lumière s'était ouverte : Mélanie reconnut aussitôt la Sainte Vierge, et fut saisie de crainte, presque d'effroi, de voir pleurer la Sainte Vierge, qu'elle n'avait jamais vu que dans la béatitude.

de le prier sans cesse. Et pour vous autres, vous n'en faites pas cas. Vous aurez beau prier, beau faire, jamais vous ne pourrez récompenser la peine que j'ai prise pour vous autres.

Je vous ai donné six jours pour travailler, je me suis réservé le septième, et on ne veut pas me l'accorder. (1) *C'est ce qui appesantit tant le bras de mon Fils.*

Ceux qui conduisent les charrettes ne savent pas parler sans y mettre le Nom de mon Fils au milieu. Ce sont les deux choses qui appesantissent tant le bras de mon Fils. (2)

Si la récolte se gâte, ce n'est qu'à cause de vous autres.

Je vous l'ai fait voir l'année passée par les pommes de terre ; vous n'en avez pas fait cas ; c'est au contraire, quand vous en trouviez de gâtées, vous juriez et vous mettiez le Nom de mon Fils. Elles vont continuer à se gâter, à la Noël, il n'y en aura plus.

Ici, je cherchais à interpréter la parole : *pommes de*

---

(1) La Sainte Vierge parle ici au nom de Dieu, et *le* Christ vivant *qu'elle portait sur son cœur prononça les paroles en même temps.*

(2) Sans l'observation du Dimanche, il ne peut y avoir de vie religieuse. Voilà quinze siècles que Tertullien répétait ces paroles aux fidèles de son temps: « Sans le Dimanche il ne peut y avoir de chrétiens. *Non est christianus sine dominica* ». Aussi, au milieu des questions adressées par les persécuteurs aux martyrs, on distinguait surtout celle-ci: « Observez-vous le dimanche ? » et, sur leur réponse affirmative, c'était assez, on reconnaissait là le christianisme pour ainsi dire tout entier. Mais la Sainte Vierge reproche à son peuple un second crime plus énorme encore que la violation du Dimanche, c'est le Blasphème. Lorsque toute bouche, non seulement ne prie plus, mais blasphème ; lorsqu'un peuple entier, comme en France, n'oublie pas seulement d'honorer Dieu, mais l'insulte et le nie, quels châtiments ne mérite-t-il pas ? « *Ce sont les deux choses qui appesantissent tant le bras de mon Fils.* »

terre; je croyais comprendre que cela signifiait pommes. La Belle et Bonne Dame, devinant ma pensée, reprit ainsi :

Vous ne me comprenez pas, mes enfants ? Je vais vous le dire autrement.

La traduction en français est celle-ci :

Si la récolte se gâte, ce n'est rien que pour vous autres ; je vous l'ai fait voir l'année passée par les pommes de terre, et vous n'en avez pas fait cas ; c'était au contraire, quand vous en trouviez de gâtées, vous juriez et vous mettiez le Nom de mon Fils. Elles vont continuer à se gâter, et à la Noël il n'y en aura plus.

Si vous avez du blé, il ne faut pas le semer.

Tout ce que vous sèmerez, les bêtes le mangeront ; et ce qui viendra tombera tout en poussière quand vous le battrez. Il viendra une grande famine. Avant que la famine vienne, les petits enfants au-dessous de sept ans prendront un tremblement et mourront entre les mains des personnes qui les tiendront ; les autres feront pénitence par la faim. Les noix deviendront mauvaises ; les raisins pourriront. (1)

Ici, la Belle Dame Dame qui me ravissait, resta un

---

(1) Ces menaces étaient conditionnelles : « *Si mon peuple ne veut pas se soumettre.* » Le mouvement de conversion qui se produisit après l'Apparition ne fut pas suffisant : la plupart se sont réalisées à la lettre.

La Sainte Vierge avait dit que les pommes de terre continueraient à se gâter et qu'à Noël il n'y en aurait plus. Or, dès le commencement de l'hiver, les pauvres gens mouraient de faim dans la montagne : ils n'avaient pas seulement une pomme de terre à manger. Il en fut ainsi dans toute la France et à l'étranger, mais surtout en Irlande. Tous les journaux de Londres du 21 janvier 1847 disaient : « La perte résultant, pour l'Irlande seulement, du manque de récolte des pommes de terre peut être évaluée à 12 millions de livres sterling, faisant 300 millions de francs. » (*Gazette du Midi*, 28 janvier 1847.) Cette disette ayant continué plusieurs années, la population de l'île descendit en 1866-1867, de huit millions à cinq millions. Ces trois millions d'Irlandais moururent de faim ou émigrèrent...

moment sans se faire entendre ; je voyais cependant qu'elle continuait, comme si elle parlait, de remuer gracieusement ses aimables lèvres. Maximin recevait alors son secret. Puis, s'adressant à moi, la Très-Sainte Vierge me parla et me donna un secret en français. Ce secret, le voici tout entier, et tel qu'elle me l'a donné :

III

1. — *Mélanie, ce que je vais vous dire maintenant, ne sera pas toujours secret; vous pourrez le publier en 1858.* (1)
2. — *Les prêtres, ministres de mon Fils, les prêtres, par leur mauvaise vie, par leurs irrévérences et leur impiété à célébrer les saints mystères, par l'amour de l'argent, l'amour de l'honneur et des plaisirs, les prêtres sont devenus des cloaques d'impureté. Oui, les prêtres demandent vengeance, et la vengeance est suspendue sur leurs têtes. Malheur aux prêtres et aux personnes consacrées à Dieu lesquelles, par leurs infidélités et leur mauvaise vie, crucifient de nouveau mon Fils! Les péchés des personnes consacrées à Dieu crient vers le Ciel et appellent la vengeance, et voilà que la vengeance est à leurs portes, car il ne se trouve plus personne pour implorer miséricorde et pardon pour le peuple ; il n'y a plus d'âmes généreuses, il n'y a plus personne*

Elle avait dit que le blé serait mangé par les bêtes et tomberait en poussière. Or, la maladie du « pictin » se déclara en 1851, et causa en Europe des pertes énormes.
Voici ce qu'un correspondant de l'*Univers* écrivait sur cette maladie du blé, numéro du 15 juillet 1856 :
« J'ai ouvert les alvéoles ou pailles desséchées. Les unes ne renferment aucune graine, ce sont sans doute celles qui ont été envahies les premières et quand les embryons étaient à peine

(1) Délai admirable ! La Sainte Vierge voulait que Mélanie fût déliée de son Secret, aussitôt *après* son Apparition à Lourdes, le 11 février 1858 ! Il est étonnant que personne n'ait semblé remarquer cela. (Léon Bloy.)

digne d'offrir la Victime sans tache à l'Eternel en faveur du monde.

3. — *Dieu va frapper d'une manière sans exemple.*

4. — *Malheur aux habitants de la terre ! Dieu va épuiser sa colère, et personne ne pourra se soustraire à tant de maux réunis.*

5. — *Les chefs, les conducteurs du peuple de Dieu ont négligé la prière et la pénitence, et le démon a obscurci leurs intelligences ; ils sont devenus ces étoiles errantes que le vieux diable traînera avec sa queue pour les faire périr. Dieu permettra aux vieux serpent de mettre des divisions parmi les régnants, dans toutes les sociétés et dans toutes les familles ; on souffrira des peines physiques et morales ; Dieu abandonnera les hommes à eux-mêmes et enverra des châtiments qui se succéderont pendant plus de trente-cinq ans.*

6. — *La Société est à la veille des fléaux les plus terribles et des plus grands évènements ; on doit s'attendre à être gouverné par une verge de fer et à boire le calice de la colère de Dieu.*

7. — *Que le Vicaire de mon Fils, le Souverain Pontife Pie IX ne sorte plus de Rome, après l'année 1859 ; mais qu'il soit ferme et généreux, qu'il combatte avec les armes de la foi et de l'amour ; je serai avec lui.*

---

noués. Les autres renferment un grain amaigri et desséché que rien ne nourrit ; ce sont celles qui ont été envahies plus tard. Dans les unes et les autres nous avons trouvé, sous forme de poudre jaune, des petits vers qui, sans doute, produisent tous ces ravages. Chacun peut, aujourd'hui, constater le même phénomène : il suffit de se rendre au premier champ de blé, de prendre en mains quelques épis, d'ouvrir les corolles marquées à leur racine d'une tache noire, et l'on verra pulluler les animalcules... »

Elle avait dit qu'il viendrait une grande famine et que les hommes feraient pénitence par la faim. Or, en 1854-1855, le blé se vendait en France 55 et 60 francs les cent kilogrammes. D'après des statistiques publiées par le *Constitutionnel* et

8. — *Qu'il se méfie de Napoléon ; son cœur est double, et quand il voudra être à la fois Pape et empereur, bientôt Dieu se retirera de lui ; il est cet aigle qui, voulant toujours s'élever, tombera sur l'épée dont il voulait se servir pour obliger les peuples à se faire élever.*

9. — *L'Italie sera punie de son ambition en voulant secouer le joug du Seigneur des Seigneurs ; aussi elle sera livrée à la guerre ; le sang coulera de tous côtés ; les églises seront fermées ou profanées ; les prêtres, les religieux seront chassés ; on les fera mourir, et mourir d'une mort cruelle. Plusieurs abandonneront la foi, et le nombre des prêtres et des religieux qui se sépareront de la vraie religion sera grand ; parmi ces personnes il se trouvera même des Evêques.*

10. — *Que le Pape se tienne en garde contre les faiseurs de miracles, car le temps est venu que les prodiges les plus étonnants auront lieu sur la terre et dans les airs.*

11. — *En l'année 1864, Lucifer avec un grand nombre de démons seront détachés de l'enfer : ils aboliront la foi peu à peu et même dans les personnes consacrées à Dieu ; ils les aveugleront d'une telle manière, qu'à moins d'une grâce particulière, ces personnes prendront l'esprit de ces mauvais anges ; plusieurs maisons reli-*

---

l'*Univers* en 1856, la cherté des vivres aurait amené en France, pour les deux années 1854 et 1855, la mort de cent cinquante-deux mille personnes ; et de plus d'un million, pour toute l'Europe, d'après d'autres journaux. Et l'*Univers* du 12 décembre 1856 ajoutait : « Sous cet euphémisme *Décès résultant de la cherté*, il faut lire : *Morts de misère et de faim...* On ignore le chiffre de 1856, mais la cause n'a pas disparu... »
En Espagne, le gouvernement acheta du blé pour soixante millions de réaux, afin d'éviter la disette. — **En Pologne**, les vivres étaient si chers en 1856, que l'empereur de Russie augmenta d'un tiers le traitement des fonctionnaires.
Elle avait dit qu'avant la famine, les petits enfants prendraient un tremblement et mourraient entre les mains des personnes qui les tiendraient. Or, en 1847, la réalisation de la **menace**

gieuses perdront entièrement la foi et perdront beaucoup d'âmes.

12. — *Les mauvais livres abonderont sur la terre, et les esprits de ténèbres répandront partout un relâchement universel pour tout ce qui regarde le service de Dieu ; ils auront un très-grand pouvoir sur la nature ; il y aura des églises pour servir ces esprits. Des personnes seront transportées d'un lieu à un autre par ces esprits mauvais, et même des prêtres, parce qu'ils ne se seront pas conduits par le bon esprit de l'Evangile, qui est un esprit d'humilité, de charité et de zèle pour la gloire de Dieu. On fera ressusciter des morts et des justes* (c'est-à-dire que ces morts prendront la figure des âmes justes qui avaient vécu sur la terre, afin de mieux séduire les hommes ; ces soi-disant morts ressuscités, qui ne seront autre chose que le démon sous ces figures, prêcheront un autre Evangile contraire à celui du vrai Christ-Jésus, niant l'existence du Ciel, soit encore les âmes des damnés. Toutes ces âmes paraîtront comme unies à leurs corps). *Il y aura en tous lieux des prodiges extraordinaires, parce que la vraie foi s'est éteinte et que la fausse lumière éclaire le monde. Malheur aux Princes de l'Eglise qui ne se seront occupés qu'à entasser richesses sur richesses, qu'à sauvegarder leur autorité et à dominer avec orgueil.*

---

débuta par une grande mortalité des petits enfants dans le canton de Corps. En 1854, dans la France, soixante quinze mille enfants au-dessous de sept ans moururent de la *suette*. Un froid glacial les saisissait, suivi d'un tremblement qui amenait la mort après deux heures de souffrances.

Elle avait dit que les noix deviendraient mauvaises. Or, un rapport adressé en 1852 au ministre de l'intérieur a constaté que la maladie des noyers avait anéanti cette récolte, l'année précédente, dans le Lyonnais, le Beaujolais et l'Isère ; et que c'était une calamité pour ces régions, dont la récolte des noix est une des principales ressources.

13. — *Le Vicaire de mon Fils aura beaucoup à souffrir, parce que, pour un temps, l'Eglise sera livrée à de grandes persécutions; ce sera le temps des ténèbres; l'Eglise aura une crise affreuse.*

14. — *La sainte foi de Dieu étant oubliée, chaque individu voudra se guider par lui-même et être supérieur à ses semblables. On abolira les pouvoirs civils et ecclésiastiques, tout ordre et toute justice seront foulés aux pieds; on ne verra qu'homicides, haine, jalousie, mensonge et discorde, sans amour pour la patrie ni pour la famille.*

15. — *Le Saint-Père souffrira beaucoup. Je serai avec lui jusqu'à la fin pour recevoir son sacrifice.*

16. — *Les méchants attenteront plusieurs fois à sa vie sans pouvoir nuire à ses jours; mais ni lui, ni son successeur..., ne verront le triomphe de l'Eglise de Dieu.*

17. — *Les gouvernants civils auront tous un même dessein, qui sera d'abolir et de faire disparaître tout principe religieux, pour faire place au matérialisme, à l'athéisme, au spiritisme et à toutes sortes de vices.*

18. — *Dans l'année 1865, on verra l'abomination dans les lieux saints; dans les couvents, les fleurs de l'Eglise seront putréfiées et le démon se rendra comme le roi des cœurs. Que ceux qui sont à la tête des communautés religieuses se tiennent en garde pour les personnes*

Elle avait dit que les raisins pourriraient. Or le fléau dure encore. Voilà bientôt soixante ans que les raisins pourrissent...

Le seul accomplissement des menaces prophétiques publiques ne suffit-il pas pour qu'on dise: Si la Salette n'est pas un article de foi, c'est un article de bonne foi; si la Salette n'est pas un dogme, c'est une grâce immense dont on n'a pas assez profité ?

En commentant et méditant le Secret, verset par verset, nous verrons que ses menaces prophétiques, plus nombreuses et beaucoup plus graves que celles du discours public, se sont pleinement réalisées jusqu'à ce jour. C'est le flambeau divin par excellence, car la prophétie n'est possible qu'à Dieu. Il est

qu'ils doivent recevoir, parce que le démon usera de toute sa malice pour introduire dans les ordres religieux des personnes adonnées au péché, car les désordres et l'amour des plaisirs charnels seront répandus par toute la terre.

19. — *La France, l'Italie, l'Espagne et l'Angleterre seront en guerre ; le sang coulera dans les rues ; le Français se battra avec le Français, l'Italien avec l'Italien ; ensuite il y aura une guerre générale qui sera épouvantable. Pour un temps, Dieu ne se souviendra plus de la France ni de l'Italie, parce que l'Evangile de Jésus-Christ n'est plus connu. Les méchants déploieront toute leur malice ; on se tuera, on se massacrera mutuellement jusque dans les maisons.*

20. — *Au premier coup de son épée foudroyante, les montagnes et la terre entière trembleront d'épouvante, parce que les désordres et les crimes des hommes percent la voûte des cieux. Paris sera brûlé et Marseille englouti ; plusieurs grandes villes seront ébranlées et englouties par des tremblements de terre : on croira que tout est perdu ; on ne verra qu'homicides, on n'entendra que bruits d'armes et que blasphèmes. Les justes souffriront beaucoup ; leurs prières, leur pénitence et leurs larmes monteront jusqu'au Ciel, et tout le peuple*

évident qu'il est au-dessus du pouvoir des créatures, non seulement de diriger les évènements lointains, mais encore de les prévoir avec certitude, quand leurs causes n'existent pas encore.

La grande Apparition de la Salette a été éclairée de tous les flambeaux. Trois ans et quelques mois après, M. l'abbé Michel Perrin, qui desservait le pèlerinage, attestait, *les pièces en main, plus de deux cent cinquante guérisons* obtenues par l'invocation de Notre-Dame de la Salette. La fontaine, qui ne « fluait » qu'à la fonte des neiges ou à la suite des grandes pluies, et qui, depuis, résiste à toutes les sécheresses, est un miracle permanent.

de Dieu demandera pardon et miséricorde, et demandera mon aide et mon intercession. Alors Jésus-Christ, par un acte de sa justice et de sa grande miséricorde pour les justes, commandera à ses anges que tous ses ennemis soient mis à mort. Tout à coup les persécuteurs de l'Eglise de Jésus-Christ et tous les hommes adonnés au péché périront, et la terre deviendra comme un désert. Alors se fera la paix, la réconciliation de Dieu avec les hommes ; Jésus-Christ sera servi, adoré et glorifié ; la charité fleurira partout. Les nouveaux rois seront le bras droit de la Sainte Eglise, qui sera forte, humble, pieuse, pauvre, zélée et imitatrice des vertus de Jésus-Christ. L'Evangile sera prêché partout, et les hommes feront de grands progrès dans la foi, parce qu'il y aura unité parmi les ouvriers de Jésus-Christ, et que les hommes vivront dans la crainte de Dieu.

21. — *Cette paix parmi les hommes ne sera pas longue ; vingt-cinq ans d'abondantes récoltes leur feront oublier que les péchés des hommes sont cause de toutes les peines qui arrivent sur la terre.*

22. — *Un avant-coureur de l'antechrist, avec ses troupes de plusieurs nations, combattra contre le vrai Christ, le seul Sauveur du monde ; il répandra beaucoup de*

Flambeau divin, les interrogatoires qu'on fit subir aux enfants. N'était-il pas miraculeux de voir deux enfants qui, la veille, ne parlaient pas le français, débiter un long discours sans comprendre, et s'expliquer aisément en cette langue ? « Les interrogatoires les plus subtils ne les effraient point, les phrases les plus captieuses ne les déconcertent point ; ils échappent à tous les pièges au moyen de réponses claires et péremptoires. Confrontés ou séparés, leurs dépositions s'harmonisent, se complètent, se corroborent, et cela sur des détails sans valeur. Les théologiens se sont avoués vaincus, les jurisconsultes et les savants, d'abord d'une hardiesse extrême, craignirent bientôt d'y voir trop clair. Après l'un de ces interrogatoires, on disait à Mélanie :

sang, et voudra anéantir le culte de Dieu pour se faire regarder comme un Dieu.

23. — La terre sera frappée de toutes sortes de plaies (outre la peste et la famine qui seront générales) ; il y aura des guerres jusqu'à la dernière guerre, qui sera alors faite par les dix rois de l'antechrist, lesquels rois auront tous un même dessein et seront les seuls qui gouverneront le monde. Avant que ceci arrive, il y aura une espèce de fausse paix dans le monde ; on ne pensera qu'à se divertir ; les méchants se livreront à toutes sortes de péchés ; mais les enfants de la Sainte Eglise, les enfants de la foi, mes vrais imitateurs, croîtront dans l'amour de Dieu et dans les vertus qui me sont les plus chères. Heureuses les âmes humbles conduites par l'Esprit-Saint ! Je combattrai avec elles jusqu'à ce qu'elles arrivent à la plénitude de l'âge.

24. — La nature demande vengeance pour les hommes, et elle frémit d'épouvante dans l'attente de ce qui doit arriver à la terre souillée de crimes.

25. — Tremblez, terre, et vous qui faites profession de servir Jésus-Christ et qui, au dedans, vous adorez vous-mêmes, tremblez ; car Dieu va vous livrer à son ennemi, parce que les lieux saints sont dans la cor-

---

— Mon enfant, n'êtes-vous pas ennuyée de répéter si souvent les mêmes choses ?
— Non, Monsieur.
— Cela doit pourtant vous ennuyer, surtout quand on vous fait des questions embarrassantes ?
— Monsieur, *on m'a jamais fait des questions embarrassantes...* »

Silence et stupéfaction ! Tout l'auditoire se regarde, et chacun est *très-embarrassé* de s'être ainsi évertué en vain.

L'abbé Dupanloup, qui devint évêque d'Orléans, avouait avoir été *battu* par ces deux enfants. « Il faut remarquer, écrivait-il le 11 juin 1848, que jamais accusés n'ont été, en justice, poursuivis de questions sur un crime comme ces deux pauvres petits

ruption ; beaucoup de couvents ne sont plus les maisons de Dieu, mais les pâturages d'Asmodée et des siens.

26. — *Ce sera pendant ce temps que naîtra l'antechrist, d'une religieuse hébraïque, d'une fausse vierge qui aura communication avec le vieux serpent, le maître de l'impureté ; son père sera Ev.; en naissant, il vomira des blasphèmes, il aura des dents ; en un mot ce sera le diable incarné ; il poussera des cris effrayants, il fera des prodiges, il ne se nourrira que d'impuretés. Il aura des frères qui, quoiqu'ils ne soient pas comme lui des démons incarnés, seront des enfants de mal ; à 12 ans, ils se feront remarquer par leurs vaillantes victoires qu'ils remporteront ; bientôt, ils seront chacun à la tête des armées, assistés par des légions de l'enfer.*

27. — *Les saisons seront changées, la terre ne produira que de mauvais fruits, les astres perdront leurs mouvements réguliers, la lune ne reflétera qu'une faible lumière rougeâtre ; l'eau et le feu donneront au globe de la terre des mouvements convulsifs et d'horribles tremblements de terre, qui feront engloutir des montagnes, des villes* [etc.].

---

paysans le sont depuis deux ans sur la vision qu'ils racontent. A des difficultés souvent préparées d'avance, quelquefois longuement et insidieusement méditées, ils ont toujours opposé des réponses promptes, brèves, claires, précises, péremptoires. On sent qu'ils seraient radicalement incapables de tant de présence d'esprit, si tout cela n'était la vérité. On les a vu conduire, comme on conduirait des malfaiteurs, sur le lieu même, ou de leur révélation ou de leur imposture ; ni les personnages les plus graves et les plus distingués ne les déconcertent, ni les menaces et les injures ne les effraient, ni les caresses et la douceur ne les font fléchir, ni les plus longs interrogatoires ne les fatiguent, ni la fréquente répétition de toutes ces épreuves ne les trouve en contradiction, soit chacun avec lui-même, soit l'un avec l'autre ».

Cette assistance surnaturelle a duré toute leur vie.

28. — *Rome perdra la foi et deviendra le siège de l'antechrist.*

29. — *Les démons de l'air avec l'antechrist feront de grands prodiges sur la terre et dans les airs, et les hommes se pervertiront de plus en plus. Dieu aura soin de ses fidèles serviteurs et des hommes de bonne volonté ; l'Evangile sera prêché partout, tous les peuples et toutes les nations auront connaissance de la vérité !*

30. — *J'adresse un pressant appel à la terre ; j'appelle les vrais disciples du Dieu vivant et régnant dans les cieux ; j'appelle les vrais imitateurs du Christ fait homme, le seul et vrai Sauveur des hommes ; j'appelle mes enfants, mes vrais dévots, ceux qui se sont donnés à moi pour que je les conduise à mon divin Fils, ceux que je porte pour ainsi dire dans mes bras, ceux qui ont vécu de mon esprit ; enfin j'appelle les Apôtres des derniers temps, les fidèles disciples de Jésus-Christ qui ont vécu dans un mépris du monde et d'eux-mêmes, dans la pauvreté et dans l'humilité, dans le mépris et dans le silence, dans l'oraison et dans la mortification, dans la chasteté et dans l'union avec Dieu, dans la souffrance et inconnus du monde. Il est temps qu'ils sortent et viennent éclairer la terre. Allez et montrez-vous comme mes enfants chéris ; je suis avec vous et en*

Un savant professeur de théologie et son ami, curé dans une grande ville, étaient venus à la Salette, avec une douzaine d'objections préparées et étudiées d'avance, pour les proposer à Maximin, lorsqu'il quitterait son échoppe, pour venir, sur la demande des pélerins (qui le préféraient aux Missionnaires), faire le récit du miracle. Lorsque Maximin eut achevé son exposition, le professeur proposa la première objection. Maximin se borna à dire : « Passez à la seconde » ; les mêmes choses se passèrent à la 2ᵉ, à la 3ᵉ, à la 4ᵉ et à la 5ᵉ objection ; Maximin répondit alors en quelques mots ; il fit crouler les cinq objections, et cet écroulement entraîna celui des sept autres. En voyant cela, ce professeur et ce curé nous dirent à nous-même,

vous, pourvu que votre foi soit la lumière qui vous éclaire dans ces jours de malheurs. Que votre zèle vous rende comme des affamés pour la gloire et l'honneur de Jésus-Christ. Combattez, enfants de lumière, vous petit nombre qui y voyez ; car voici le temps des temps, la fin des fins.

31. — *L'Eglise sera éclipsée, le monde sera dans la consternation. Mais voilà Enoch et Elie remplis de l'Esprit de Dieu ; ils prêcheront avec la force de Dieu, et les hommes de bonne volonté croiront en Dieu, et beaucoup d'âmes seront consolées ; ils feront de grands progrès par la vertu du Saint-Esprit et condamneront les erreurs diaboliques de l'antechrist.*

32. — *Malheur aux habitants de la terre ! il y aura des guerres sanglantes et des famines ; des pestes et des maladies contagieuses ; il y aura des pluies d'une grêle effroyable d'animaux; des tonnerres qui ébranleront des villes, ; des tremblements de terre qui engloutiront des pays ; on entendra des voix dans les airs ; les hommes se battront la tête contre les murailles ; ils appelleront la mort, et, d'un autre côté, la mort fera leur supplice ; le sang coulera de tous côtés. Qui pourra vaincre, si Dieu ne diminue le temps de l'épreuve ? Par le sang,*

---

car nous étions à côté d'eux: « Ce jeune homme est toujours « dans sa mission ; il est assisté par la Sainte Vierge aujourd'hui « comme aux premiers jours ; c'est évident pour nous. Aucun « théologien, fût-il le plus savant du monde, n'aurait pu faire « un pareil tour de force. Tout cela est certainement surhu- « main. Il nous a mieux prouvé le miracle qu'on n'aurait pu le « faire par les plus fortes démonstrations. » (Aug. Nicolas).

Tous ces signes divins ne sont pour ainsi dire rien auprès des merveilles de grâces opérées dans les âmes. Convertir les pécheurs, les ramener à Jésus, tel est le but de l'apparition de la Salette et tel fut l'effet partout où elle fut comprise. N'était-il pas miraculeux de voir se convertir, au récit de ces enfants,

les larmes et les prières des justes, Dieu se laissera fléchir ; Enoch et Elie seront mis à mort ; Rome payenne disparaîtra ; le feu du Ciel tombera et consumera trois villes ; tout l'univers sera frappé de terreur, et beaucoup se laisseront séduire parce qu'ils n'ont pas adoré le vrai Christ vivant parmi eux. Il est temps ; le soleil s'obscurcit ; la foi seule vivra.

33.— *Voici le temps ; l'abîme s'ouvre. Voici le roi des rois des ténèbres. Voici la bête avec ses sujets, se disant le sauveur du monde. Il s'élèvera avec orgueil dans les airs pour aller jusqu'au ciel ; il sera étouffé par le souffle de saint Michel Archange. Il tombera, et la terre, qui, depuis trois jours, sera en de continuelles évolutions, ouvrira son sein plein de feu ; il sera plongé pour jamais avec tous les siens dans les gouffres éternels de l'enfer. Alors l'eau et le feu purifieront la terre et consumeront toutes les œuvres de l'orgueil des hommes et tout sera renouvelé : Dieu sera servi et glorifié.*

IV

Ensuite la Sainte Vierge me donna, aussi EN FRANÇAIS, la Règle d'un nouvel Ordre religieux.

---

des foules qui les accueillaient d'abord avec la dernière prévention et très-souvent avec mépris ? Dès la première année, le canton de Corps fut entièrement renouvelé. Non seulement on n'y entendait plus blasphémer, non seulement on n'y voyait personne travailler le dimanche, mais tous fréquentaient les églises et, dès 1847, presque tous faisaient leurs Pâques. Ainsi à Corps, sur une population de 1,800 habitants, il n'y eut pas trente personnes qui négligèrent cet important devoir.

Mais pourquoi nous étendre sur ces signes divins, lorsque chacun peut alléguer une autorité supérieure : celle de la Sainte Eglise. Si la Salette n'est pas un article de foi, c'est un article de bonne foi ; si ce n'est pas un dogme, c'est une grâce dont on n'a pas assez profité.

Après m'avoir donné la Règle de ce nouvel Ordre religieux, la Sainte Vierge reprit ainsi la suite du Discours :

« *S'ils se convertissent, les pierres et les rochers se changeront en blé, et les pommes de terre se trouveront ensemencées par les terres.*

« *Faites-vous bien votre prière, mes enfants ?* »

Nous répondîmes tous les deux :

— Oh ! non, Madame, pas beaucoup.

« *Ah ! mes enfants, il faut bien la faire, soir et matin. Quand vous ne pourrez pas mieux faire, dites un Pater et un Ave Maria ; et quand vous aurez le temps et que vous pourrez mieux faire, vous en direz davantage.*

« *Il ne va que quelques femmes un peu âgées à la Messe; les autres travaillent tout l'été le Dimanche ; et l'hiver, quand ils ne savent que faire, ils ne vont à la Messe que pour se moquer de la religion. Le Carême, ils vont à la boucherie comme des chiens.* (1)

« *N'avez-vous pas vu du blé gâté, mes enfants ?* »

Tous les deux nous avons répondu : — Oh ! non, Madame.

La Sainte Vierge s'adressant à Maximin : « *Mais toi, mon enfant, tu dois bien en avoir vu une fois vers le Coin,* (2) *avec ton père. L'homme de la pièce dit à ton*

---

(1) La Vierge très-pure se sert d'une expression énergique, pour faire entendre que, dans un seul exemple d'intempérance, elle veut flétrir les plaies hideuses du sensualisme. Ne pouvant découvrir ces plaies sous les yeux des enfants, elle nous les signale suffisamment, puisque non seulement dans le langage de la Sainte Ecriture, mais dans toutes les langues, le mot « chiens » désigne les pécheurs qui ne cachent pas la honte de leurs vices.

(2) *Le Coin* est le nom d'une terre située à quelque distance de Corps.

« père : *Venez voir comme mon blé se gâte. Vous y allâtes.*
« *Ton père prit deux ou trois épis dans sa main, il les*
« *frotta, et ils tombèrent en poussière. Puis, en vous en re-*
« *tournant, quand vous n'étiez plus qu'à une demi-heure*
« *de Corps, ton père te donna un morceau de pain en te*
« *disant : Tiens, mon enfant, mange cette année, car je ne*
« *sais pas qui mangera l'année prochaine, si le blé se gâte*
« *comme cela.* »

Maximin répondit : — C'est bien vrai, Madame, je ne me le rappelais pas.

La Très-Sainte Vierge a terminé son Discours en français : « *Eh bien ! mes enfants, vous le ferez passer à* « *tout mon peuple.* »

La Très-Belle Dame traversa le ruisseau ; et, à deux pas du ruisseau, sans se retourner vers nous qui la suivions (parce qu'elle attirait à elle par son éclat et plus encore par sa bonté qui m'enivrait, qui semblait me faire fondre le cœur), elle nous a dit encore :

« *Eh bien ! mes enfants, vous le ferez passer à tout* « *mon peuple.* » (1)

---

(1) La Sainte Vierge montre l'importance qu'Elle attache à son enseignement. Elle est venue, en effet, nous ramener à l'observation « *in spiritu et veritate* » de la Loi de Dieu. Elle a si bien résumé, dans son discours, les enseignements de son Fils, qu'il est impossible de parler d'une manière utile aux chrétiens, aux religieux et aux ecclésiastiques de nos jours, sans retomber, qu'on le veuille ou non, dans ce qu'elle vient de dire. Aussi, après avoir commencé comme son Fils : « *pœnitemini* » (Marc, I, 15). « *Si mon peuple ne veut pas se soumettre* », elle termine comme lui : « *Docete omnes gentes* » (Math. XXVIII, 19) « *Vous le ferez passer à tout mon peuple* ». Ces dernières paroles, elle les redit. Un souverain ne répète pas un ordre qu'il vient de donner ; mais Elle fit entendre aux enfants que, la première fois, il s'agissait de la partie de son discours destinée à être rendue immédiatement publique, et, la seconde fois, des secrets.

Puis elle a continué de marcher jusqu'à l'endroit où j'étais montée pour regarder où étaient mes vaches. Ses pieds ne touchaient que le bout de l'herbe sans la faire plier. Arrivée sur la petite hauteur, la Belle Dame s'arrêta, et vite je me plaçai devant elle, pour bien, bien la regarder, et tâcher de savoir quel chemin elle inclinait le plus à prendre ; car c'était fait de moi, j'avais oublié et mes vaches et les maîtres chez lesquels j'étais en service ; je m'étais attachée pour toujours et sans condition à *Ma* Dame ; oui, je voulais ne plus jamais, jamais la quitter ; je la suivais sans arrière-pensée, et dans la disposition de la servir tant que je vivrais.

Avec *Ma* Dame, je croyais avoir oublié le paradis ; je n'avais plus que la pensée de bien la servir en tout ; et je croyais que j'aurais pu faire tout ce qu'elle m'aurait dit de faire, car il me semblait qu'Elle avait beaucoup de pouvoir. Elle me regardait avec une tendre bonté qui m'attirait à Elle ; j'aurais voulu, avec les yeux fermés, m'élancer dans ses bras. Elle ne m'a pas donné le temps de le faire. Elle s'est élevée insensiblement de terre à une hauteur d'environ un mètre et plus ; et, restant ainsi suspendue en l'air un tout petit instant, Ma belle Dame regarda le Ciel, puis la terre à sa droite et à sa gauche, puis Elle me regarda avec des yeux si doux, si aimables et si bons, que je croyais qu'elle m'attirait dans son intérieur, et il me semblait que mon cœur s'ouvrait au sien.

Et tandis que mon cœur se fondait en une douce dilatation, la belle figure de Ma Bonne Dame disparaissait peu à peu : il me semblait que la lumière en mouvement se multipliait ou bien se condensait autour de la Très-Sainte Vierge, pour m'empêcher de la voir plus longtemps. Ainsi la lumière prenait la place des parties du corps qui disparaissaient à mes yeux ; ou bien il semblait que le corps de

Ma Dame se changeait en lumière en se fondant. Ainsi la lumière en forme de globe s'élevait doucement en direction droite. (1)

Je ne puis pas dire si le volume de lumière diminuait à mesure qu'elle s'élevait, ou bien si c'était l'éloignement qui faisait que je voyais diminuer la lumière à mesure qu'elle s'élevait ; ce que je sais, c'est que je suis restée la tête levée et les yeux fixés sur la lumière, même après que cette lumière, qui allait toujours s'éloignant et diminuant de volume, eut fini par disparaître.

Mes yeux se détachent du firmament, je regarde autour de moi, je vois Maximin qui me regardait, je lui dis : « Mémin, cela doit être le bon Dieu de mon père, (1) ou la Sainte Vierge, ou quelque grande sainte, » Et Maximin lançant la main en l'air, il dit : « Ah ! si je l'avais su ! »

---

(1) Maximin : «Nous ne vîmes plus qu'un globe de feu s'élever et pénétrer dans le firmament. — Dans notre langage naïf nous avons appelé ce globe le second soleil. Nos regards furent longtemps attachés sur l'endroit où le globe lumineux avait disparu. Je ne puis dépeindre ici l'extase dans laquelle nous nous trouvions. Je ne parle que de moi ; je sais très-bien que tout mon être était anéanti, que tout le système organique était arrêté en ma personne. Lorsque nous eûmes le sentiment de nous-mêmes, Mélanie et moi nous nous regardions sans pouvoir prononcer un seul mot, tantôt levant les yeux vers le ciel, tantôt les portant à nos pieds et autour de nous, tantôt interrogeant du regard tout ce qui nous environnait. Nous semblions chercher le personnage resplendissant que je n'ai plus revu. »

(1) Voilà un passage qui a certainement semblé bien insignifiant à bon nombre de lecteurs. Mélanie qui prend la Belle Dame pour « le bon Dieu de son père » ! Quel style ! Quelle idée singulière de nous transcrire de la sorte, en plein récit officiel du Grand Fait, cette remarque enfantine, pour ne pas dire mesquine ! Etait-ce pour égayer la narration par la réplique assez terre à terre de Maximin qui, d'habitude, a des réparties plus originales ?... Vraiment cette petite ligne est bien insignifiante... »

Pour ceux qui ont eu le bonheur de connaître personnelle-

V

Le soir du 19 septembre, nous nous retirâmes un peu plus tôt qu'à l'ordinaire. Arrivée chez mes maîtres, je m'occupais à attacher mes vaches et à mettre tout en ordre dans l'écurie. Je n'avais pas terminé, que ma maîtresse vint à moi en pleurant et me dit : « Pourquoi, mon enfant, ne venez-vous pas me dire ce qui vous est arrivé sur la montagne ? » (Maximin n'ayant pas trouvé ses maîtres, qui ne s'étaient pas encore retirés de leurs travaux, était venu chez les miens, et avait raconté tout ce qu'il avait vu et entendu). Je lui répondis : « Je voulais bien vous le dire, mais je voulais finir mon ouvrage auparavant. » Un moment après, je me rendis dans la maison, et ma maîtresse me dit : « Racontez ce que vous avez vu ; le berger de Bruite (c'était le surnom de Pierre Selme, maître de Maximin) m'a tout raconté. »

Je commence, et, vers la moitié du récit, mes maîtres arrivèrent de leurs champs ; ma maîtresse, qui pleurait en entendant les plaintes et les menaces de notre tendre Mère, dit : « Ah ! vous vouliez aller ramasser le blé demain ; gardez-vous en bien, venez entendre ce qui est arrivé

---

ment la pieuse narratrice, cette ligne anodine est l'une des plus charmantes du récit. Elle la leur fait revivre ; elle leur rappelle une des délicatesses de ce caractère aussi admirable en réalité qu'avide d'ombre et d'oubli.

« Mémin, cela doit être le bon Dieu de mon père ». Vous paraît-elle seulement insignifiante, cette phrase, ne la trouvez-vous pas aussi un peu *choquante*, si vous vous souvenez de cette allusion que nous avons eu déjà l'occasion de faire aux apparitions célestes si multipliées dont avait été favorisée la petite enfance de Mélanie ? Quoi ! depuis une dizaine d'années elle vivait dans la familiarité presque constante de Celle qu'elle appelait sa Mère ; et, dans cette journée du 19 septembre, elle ne

aujourd'hui à cette enfant et au berger de Selme ». Et se tournant vers moi, elle dit : « Recommencez tout ce que vous m'avez dit ». Je recommence ; et, lorsque j'eus terminé, mon Maître dit : « C'est la Sainte Vierge, ou bien une grande sainte, qui est venue de la part du bon Dieu ; mais c'est comme si le bon Dieu était venu lui-même ; il faut faire tout ce que cette Sainte a dit. Comment allez vous faire pour dire cela à tout son peuple ? » Je lui répondis : « Vous me direz comment je dois faire, et je le ferai ». Ensuite il ajouta en regardant sa mère, sa femme et son frère : « Il faut y penser ». Puis chacun se retira à ses affaires.

C'était après le souper. Maximin et ses maîtres vinrent chez les miens pour raconter ce que Maximin leur avait dit, et pour savoir ce qu'il y avait à faire : « Car, dirent-ils, il nous semble que c'est la Sainte Vierge qui a été envoyée par le bon Dieu ; les paroles qu'Elle a dites le font croire. Et Elle leur a dit de le faire passer à tout son peuple ; il faudra peut-être que ces enfants parcourent le monde entier pour faire connaître qu'il faut que tout le monde observe les commandements du bon Dieu, sinon de grands malheurs vont arriver sur nous ». Après un moment de silence, mon maître dit, en s'adressant à Maximin et à moi : « Savez-vous

---

la reconnaît pas ! Elle se trompe aussi grossièrement ! Elle la prend pour le « Bon Dieu de son père » ! De qui se moque-t-on ici ? N'est-ce pas une effronterie, plutôt qu'une phrase « insignifiante » ?...

Et nous qui avons eu la joie de voir Mélanie de près, cette parole qu'elle se rappelle avoir dite à Maximin nous comble d'allégresse ! Nous la voyons, ce jour-là, telle que nous l'avons toujours connue.

Elle ne se moquait pas, certes, de Maximin, pas plus qu'elle ne se moquait, par exemple, de moi vers la fin de sa vie, en me laissant croire que c'était par inattention, indifférence, paresse ou originalité, qu'elle arrivait en retard, ou même n'arrice que vous devez faire, mes enfants ? Demain, levez-vous de bon matin, allez tous les deux à Monsieur le Curé, et racontez-lui tout ce que vous avez vu et entendu ; dites-lui bien comment la chose s'est passée ; il vous dira ce que vous avez à faire ».

Le 20 septembre, lendemain de l'apparition, je partis de bonne heure avec Maximin. Arrivés à la Cure, je frappe à la porte. La domestique de Monsieur le Curé vint ouvrir et demanda ce que nous voulions. Je lui dis (en français, moi qui ne l'avais jamais parlé) : « Nous voudrions parler à Monsieur le Curé ». — « Et que voulez-vous lui dire ? » nous demanda-t-elle. — « Nous voulons lui dire, Mademoiselle, qu'hier nous sommes allés garder nos vaches sur la montagne des Baisses, et après avoir dîné, etc., etc. » Nous lui racontâmes une bonne partie du discours de la Très-Sainte Vierge. Alors la cloche de l'Eglise sonna ; c'était le dernier coup de la Messe. Monsieur l'abbé Perrin, curé de la Salette, qui nous avait entendus, ouvrit sa porte avec fracas : il pleurait ; il se frappait la poitrine ; il nous dit : « Mes enfants, nous sommes perdus, le bon Dieu va nous punir. Ah ! mon Dieu, c'est la Sainte Vierge qui vous est apparue ! » Et il partit pour dire la Sainte Messe. Nous nous regardâmes avec Maximin et la domestique ; puis

---

vait pas du tout à l'église, à son heure habituelle, un ou deux jours par semaine. Je n'aurais jamais su le mystère si, un jour de semblable absence, je n'étais entré chez elle à l'improviste, sans qu'elle eut le temps de faire disparaître une preuve matérielle de ses sanglants stigmates. J'abusai de ma prétendue autorité. Il lui fallut s'expliquer. Et, malgré elle, pressée par mes questions, elle m'avoua que Notre-Seigneur crucifié, lui apparaissant, l'associait aux souffrances de sa Passion... Et tout ce qu'on saura d'elle, un jour, c'est par des moyens pareils qu'on en a surpris la connaissance....

Oh ! que l'humilité était belle dans cette âme formée par l'« Aimable Frère » ! C'est bien Lui qui avait enseigné à cette

Maximin me dit : « Moi, je m'en vais chez mon père, à Corps . » Et nous nous séparâmes.

N'ayant pas reçu d'ordre de mes Maîtres de me retirer aussitôt après avoir parlé à Monsieur le Curé, je crus ne pas faire mal en assistant à la Messe. Je fus donc à l'Eglise. La Messe commence, et, après le premier Evangile, Monsieur le Curé se tourne vers le peuple et essaie de raconter à ses paroissiens l'apparition qui venait d'avoir lieu, la veille, sur une de leurs Montagnes, et les exhorte à ne plus travailler le Dimanche ; sa voix était entrecoupée par des sanglots, et tout le peuple était ému, Après la Sainte Messe, je me retirai chez mes maîtres. Monsieur Peytard, qui est encore aujourd'hui Maire de la Salette, y vint m'interroger sur le fait de l'apparition; et, après s'être assuré de la vérité de ce que je lui disais, il se retira convaincu.

Je continuai de rester au service de mes Maîtres jusqu'à la fête de la Toussaint. Ensuite je fus mise comme pensionnaire chez les religieuses de la Providence, dans mon pays, à Corps.

VI

La Très-Sainte Vierge était très-grande et bien proportionnée ; elle paraissait être si légère qu'avec un souffle

---

âme, avec le « *Sacramentum Regis* », l'art difficile de « cacher le secret du Roi » ! Ces effusions des intimités divines, il fallait les dérober à tout regard étranger... et on dirait que tout le travail de sa vie extérieure consistait à les cacher. Une âme qui est dans des rapports quasi ininterrompus avec le monde surnaturel et qui ne doit laisser apercevoir cela à personne ! Une âme qui est à l'école de Celui qui sait tout, et qui doit tout ignorer !.... Elle avait pris le bon moyen, elle se mettait, comme par instinct, au niveau de ceux qui lui parlaient.

J'ai été témoin, à ce sujet, de choses véritablement stupéfiantes et que l'heure viendra peut-être de raconter... Au 19 septembre elle était enfant, et elle parlait à Maximin comme aurait parlé

L'APPARITION ET LE SECRET 221

on l'aurait fait remuer, cependant elle était immobile et bien posée. Sa physionomie était majestueuse, imposante, mais non imposante comme le sont les Seigneurs d'ici-bas. Elle imposait une crainte respectueuse. En même temps que Sa Majesté imposait du respect mêlé d'amour, elle attirait à Elle. Son regard était doux et pénétrant ; ses yeux semblaient parler avec les miens, mais la conversation venait d'un profond et vif sentiment d'amour envers cette beauté ravissante qui me liquéfiait. La douceur de son regard, son air de bonté incompréhensible faisait comprendre et sentir qu'elle attirait à Elle et voulait se donner ; c'était une expression d'amour qui ne peut pas s'exprimer avec la langue de chair ni avec les lettres de l'alphabet.

Le vêtement de la Très-Sainte Vierge était blanc argenté et tout brillant ; il n'avait *rien de matériel* : il était composé de lumière et de gloire, variant et scintillant. Sur la terre il n'y a pas d'expression ni de comparaison à donner.

La Sainte Vierge était toute belle et toute formée d'amour ; en la regardant je languissais de me fondre en elle. Dans ses atours, comme dans sa personne, tout respirait la majesté, la splendeur, la magnificence d'une Reine incomparable. Elle paraissait belle, blanche, immaculée,

---

une enfant. Ce lui est si naturel qu'elle ne s'aperçoit pas même qu'elle met en œuvre la plus belle des vertus ; et tout simplement, sans s'en douter, elle la pratique, elle en est tout embaumée, en plein public : car lorsqu'on publie un récit comme le sien, on est bien au milieu de la foule ! Mais que lui importe ? Elle n'y pense pas ! Et elle écrit la phrase « insignifiante » : « Cela doit être le bon Dieu de mon père » !...
Le soir de ce grand jour, sa maîtresse la trouvera dans l'écurie FONDANT EN LARMES. Ces larmes qu'elle avait retenues devant Maximin, elle saura bien les comprimer encore, dès qu'elle s'apercevra qu'elle n'est pas seule. Elle ne doit pleurer qu'en secret sur ces choses dont elle doit paraître la messagère in-

cristallisée, éblouissante, céleste, fraîche, neuve comme une Vierge ; il semblait que la parole *Amour* s'échappait de ses lèvres argentées et toutes pures. Elle me paraissait comme une bonne Mère, pleine de bonté, d'amabilité, d'amour pour nous, de compassion, de miséricorde.

La couronne de roses qu'elle avait sur la tête était si belle, si brillante, qu'on ne peut pas s'en faire une idée ; les roses de diverses couleurs n'étaient pas de la terre ; c'était une réunion de fleurs qui entouraient la tête de la Très-Sainte Vierge en forme de couronne ; mais les roses se changeaient ou se remplaçaient; puis, du cœur de chaque rose il sortait une si belle lumière qu'elle ravissait et rendait les roses d'une beauté éclatante. De la couronne de roses s'élevaient comme des branches d'or et une quantité d'autres petites fleurs mêlées avec des brillants.

Le tout formait un très-beau diadème, qui brillait tout seul plus que notre soleil de la terre.

La Sainte Vierge avait une très-jolie Croix suspendue à son cou. Cette Croix paraissait être dorée, je dis *dorée* pour ne pas dire une plaque d'or ; car j'ai vu quelquefois des objets dorés avec diverses nuances d'or, ce qui faisait à mes yeux un bien plus bel effet qu'une simple plaque d'or. Sur cette belle Croix toute brillante de lumière, était un

---

consciente, mais qu'elle a trop bien comprises... Qu'importe du reste qu'elle verse ou non des larmes ? On les mentionnera, et c'est tout : nul ne songe à demander : Pourquoi ? Elle a fermé toutes les curiosités avec sa phrase enfantine sur « le bon Dieu de son Père ».

Je m'exprimais mal tout à l'heure, en disant que Mélanie se mettait au niveau de son milieu. Verrait-on dans ces mots quelque chose comme une condescendance orgueilleuse qui la poussait, non sans quelque dédain, à s'incliner de la sorte ? Non, ce n'est pas elle qui se mettait à ce niveau. Elle n'avait qu'à se laisser faire : c'est l' « Aimable Frère » qui faisait tout.

Entre ses mains, l'âme humble n'a qu'à se prêter : Mélanie

Christ, était Notre Seigneur, les bras étendus sur la Croix. Presque aux deux extrémités de la Croix, d'un côté il y avait un marteau, de l'autre une tenaille. Le Christ était couleur de chair naturelle, mais il brillait d'un grand éclat ; et la lumière qui sortait de tout son corps paraissait comme des dards très-brillants, qui me fendaient le cœur du désir de me fondre en lui. Quelquefois le Christ paraissait être mort : il avait la tête penchée, et le corps était comme affaissé, comme pour tomber, s'il n'avait pas été retenu par les clous qui le retenaient à la Croix.

J'en avais une vive compassion, et j'aurais voulu redire au monde entier son amour inconnu, et infiltrer dans les âmes des mortels l'amour le plus senti et la reconnaissance la plus vive envers un Dieu qui n'avait nullement besoin de nous pour être ce qu'il est, ce qu'il était et ce qu'il sera toujours ; et pourtant, ô amour incompréhensible à l'homme ! il s'est fait homme, et il a voulu mourir, oui mourir, pour mieux écrire dans nos âmes et dans notre mémoire l'amour Fou qu'il a pour nous ! Oh ! que je suis malheureuse de me trouver si pauvre en expression pour redire l'amour, oui, l'amour de notre bon Sauveur pour nous ! mais, d'un autre côté, que nous sommes heureux de pouvoir sentir mieux ce que nous ne pouvons exprimer !

---

tout simplement se prêtait. Et c'était vraiment si simple que personne ne songeait à s'en étonner. Notre-Seigneur se fait ainsi des âmes qui ne sont que pour Lui, de belles fleurs pour son « Jardin fermé ». La Bergère disparaît-elle assez dans ce long récit où, pourtant, elle est perpétuellement en scène !...

L'heure viendra, que j'attends avec impatience, de soulever tous ces voiles, « *Opera Dei revelare honorificum est* ». Qu'il nous suffise, pour le moment, d'admirer, sans essayer de les comprendre, toutes ces précautions divines. Notre-Seigneur aimait tant cette âme, qu'il la voulait pour Lui et rien que pour Lui. Et elle, comme elle se soumettait, docile et simple, à toutes les exigences de l'Ami céleste ! Prenez-la deux ans

D'autres fois le Christ semblait vivant ; il avait la tête droite, les yeux ouverts, et paraissait être sur la Croix par sa propre volonté. Quelquefois aussi il paraissait parler : il semblait vouloir montrer qu'il était en Croix pour nous, par amour pour nous, pour nous attirer à son amour, qu'il a toujours un amour nouveau pour nous, que son amour du commencement et de l'année 33, est toujours celui d'aujourd'hui et qu'il sera toujours.

La Sainte Vierge pleurait presque tout le temps qu'Elle me parla. Ses larmes coulaient une à une lentement jusque vers ses genoux ; puis, comme des étincelles de lumière, elles disparaissaient. Elles étaient brillantes et pleines d'amour. J'aurais voulu La consoler, et qu'Elle ne pleurât plus. Mais il me semblait qu'Elle avait besoin de montrer ses larmes pour mieux montrer son amour oublié par les hommes. J'aurais voulu me jeter dans ses bras et lui dire : « Ma bonne Mère, ne pleurez pas ! je veux vous aimer pour tous les hommes de la terre ». Mais il me semblait qu'Elle me disait : « Il y en a tant qui ne me connaissent pas ! »

J'étais entre la mort et la vie, en voyant d'un côté tant d'amour, tant de désir d'être aimée, et d'un autre côté tant de froideur, tant d'indifférence... Oh! ma Mère, Mère toute, toute belle et tout aimable, mon amour, cœur de mon cœur !....

---

après l'Apparition : les écrivains ont tôt fait de nous dire que jusqu'à l'âge de 17 ans et malgré les soins des Religieuses de Corps, elle ne put être suffisamment instruite pour faire sa première communion, et ne put apprendre l'alphabet (*a*). Ils trouvent là l'occasion facile d'un savant commentaire du texte : « *Quæ stulta sunt mundi elegit Deus ut confundat sapientes* ». C'est dur pourtant pour une jeune fille de passer pour sotte à ce point ! Recevoir les leçons du grand docteur, de l'Eternelle

(*a*) Pour qu'elle apprît à lire, elles ne lui enseignèrent pas de vive voix la *lettre* du catéchisme : « Quand vous saurez lire, lui disait-on, vous l'apprendrez dans votre livre et ferez votre première communion. »

Les larmes de notre tendre Mère, loin d'amoindrir son air de majesté, de Reine et de Maîtresse, semblaient, au contraire, l'embellir, la rendre plus aimable, plus belle, plus puissante, plus remplie d'amour, plus maternelle, plus ravissante ; et j'aurais mangé ses larmes, qui faisaient sauter mon cœur de compassion et d'amour. Voir pleurer une Mère, et une telle Mère, sans prendre tous les moyens imaginables pour la consoler, pour changer ses douleurs en joie, cela se comprend-il ? O Mère plus que bonne ! Vous avez été formée de toutes les prérogatives dont Dieu est capable ; vous avez comme épuisé la puissance de Dieu ; vous êtes bonne, et puis bonne de la bonté de Dieu même ; Dieu s'est agrandi en vous formant son chef-d'œuvre terrestre et céleste.

La Très-Sainte Vierge avait un tablier jaune. Que dis-je, jaune ? Elle avait un tablier plus brillant que plusieurs soleils ensemble. Ce n'était pas une étoffe matérielle, c'était un composé de gloire, et cette gloire était scintillante et d'une beauté ravissante. Tout en la Très-Sainte Vierge me portait *fortement*, et me faisait comme glisser à adorer et à aimer mon Jésus dans tous les états de sa vie mortelle.

Sagesse en personne, avoir été formée à cette école, et ne pouvoir, devant le jury de la première communion, réciter *la lettre du catéchisme* !... On n'a pas remarqué que, tout d'un coup, sans qu'elle s'en rendît compte elle-même, elle s'était trouvée aussi instruite que ses compagnes... Son âge de 17 ans expliquera tout : il est tout naturel en effet qu'une jeune fille de 17 ans, profondément ignorante la veille, sache lire le lendemain. Personne n'en fut surpris ; et l'on put voir enfin cet enfant, à l'esprit si longtemps borné, prendre place dans les rangs des petites communiantes de onze ans. Toute la paroisse de Corps était convaincue qu'elle communiait pour la première fois... Comme l' « Aimable Frère » cachait bien des secrets ! Non, la « Petite Sœur » ne se mettait pas au niveau de son milieu ; c'était Lui qui la mettait, par amour, par « préservatif », bien au-dessous de ce niveau.

La Très-Sainte Vierge avait deux chaînes, l'une un peu plus large que l'autre. A la plus étroite était suspendue la Croix dont j'ai fait mention plus haut. Ces chaînes (puisqu'il faut donner le nom de chaînes) étaient comme des rayons de gloire d'un grand éclat variant et scintillant.

Les souliers (puisque souliers il faut dire) (1) étaient blancs, mais un blanc argenté, brillant; il y avait des roses autour. Ces roses étaient d'une beauté éblouissante, et du cœur de chaque rose sortait une flamme de lumière très-belle et très-agréable à voir. Sur les souliers, il y avait une boucle en or, non en or de la terre, mais bien de l'or du paradis.

La vue de la Très-Sainte Vierge était elle-même un paradis accompli. Elle avait en Elle tout ce qui pouvait satisfaire, car la terre était oubliée.

La Sainte Vierge était entourée de deux lumières. La première lumière, plus près de la Très-Sainte Vierge, arrivait jusqu'à nous ; elle brillait d'un éclat très-beau et scintillant. La seconde lumière s'étendait un peu plus autour de

---

(1) Maximin : « Lorsque je dois parler de la Belle Dame qui m'est apparue sur la Sainte Montagne, j'éprouve l'embarras que devait éprouver saint Paul en descendant du troisième ciel. Non, l'œil de l'homme n'a jamais vu, son oreille n'a jamais entendu ce qu'il m'a été donné de voir et d'entendre.

« Comment des enfants ignorants, appelés à s'expliquer sur des choses si extraordinaires, auraient-ils rencontré une justesse d'expression que des esprits d'élite ne rencontrent pas toujours pour peindre des objets vulgaires. Qu'on ne s'étonne donc pas si ce que nous avons appelé *bonnet*, *couronne*, *fichu*, *chaînes*. *roses*, *tablier*, *robe*, *bas*, *boucles* et *souliers* en avait à peine la forme. Dans ce beau costume, il n'y avait rien de terrestre ; les rayons seuls et de nuances différentes s'entrecroisant, produisaient un magnifique ensemble que nous avons amoindri et matérialisé.

« Une expression n'a de valeur que par l'idée qu'on y attache;

la Belle Dame et nous nous trouvions dans celle-là ; elle était immobile (c'est-à-dire qu'elle ne scintillait pas), mais bien plus brillante que notre pauvre soleil de la terre. Toutes ces lumières ne faisaient pas mal aux yeux et ne fatiguaient nullement la vue.

Outre toutes ces lumières, toute cette splendeur, il sortait encore des groupes ou faisceaux de lumières, ou des rayons de lumière, du Corps de la Sainte Vierge, de ses habits et de partout.

La voix de la Belle Dame était douce ; elle enchantait, ravissait, faisait du bien au cœur ; elle rassasiait, aplanissait tous les obstacles, calmait, adoucissait. Il me semblait que j'aurais toujours voulu manger de sa belle voix, et mon cœur semblait danser ou vouloir aller à sa rencontre pour se liquéfier en elle.

Les yeux de la Très-Sainte Vierge, notre tendre Mère, ne peuvent pas se décrire par une langue humaine. Pour en parler, il faudrait un séraphin ; il faudrait plus, il faudrait le langage de Dieu même, de ce Dieu qui a formé la Vierge Immaculée, chef-d'œuvre de sa toute-puissance.

---

mais où trouver, dans notre langue, des expressions pour rendre des choses dont les hommes n'ont nulle idée. C'était une lumière, mais lumière bien différente de toutes les autres ; elle allait directement à mon cœur sans passer par mes organes et cependant avec une harmonie que les plus beaux concerts ne sauraient reproduire, que dis-je ? avec une saveur que les plus douces liqueurs ne sauraient avoir.

« Je ne sais quelles comparaisons employer, parce que les comparaisons prises dans le monde sensible sont atteintes du défaut que je reproche aux mots de notre langue : elles n'offrent pas à l'esprit l'idée que je veux rendre. Lorqu'à la fin d'un feu d'artifice la foule s'écrie : « Voici le bouquet, » y a-t-il un rapport bien grand entre une réunion de fleurs et un ensemble de fusées qui éclatent ? Non, assurément ; eh bien ! la distance qui sépare les comparaisons que j'emploie et les idées que je veux rendre est infiniment plus considérable encore. »

Les yeux de l'Auguste Marie paraissaient mille et mille fois plus beaux que les brillants, les diamants et les pierres précieuses les plus recherchées ; ils brillaient comme deux soleils ; ils étaient doux de la douceur même, clairs comme un miroir. Dans ses yeux on voyait le paradis ; ils attiraient à Elle ; il semblait qu'Elle voulait se donner et attirer. Plus je la regardais, plus je la voulais voir ; plus je la voyais, plus je l'aimais, et je l'aimais de toutes mes forces.

Les yeux de la Belle Immaculée étaient comme la porte de Dieu, d'où l'on voyait tout ce qui peut enivrer l'âme. Quand mes yeux se rencontraient (1) avec ceux de la Mère de Dieu et la mienne, j'éprouvais au-dedans de moi-même une heureuse révolution d'amour et de protestation de l'aimer et de me fondre d'amour.

En nous regardant, nos yeux se parlaient à leur mode, et je l'aimais tant, que j'aurais voulu l'embrasser dans le milieu de ses yeux qui attendrissaient mon âme, et semblaient l'attirer et la faire fondre avec la sienne. Ses yeux me plantèrent un doux tremblement dans tout mon être ; et je craignais de faire le moindre mouvement qui pût lui être désagréable tant soit peu.

Cette seule vue des yeux de la plus pure des Vierges aurait suffi pour être le Ciel d'un bienheureux ; aurait suffi pour faire entrer une âme dans la plénitude des volontés du Très-Haut parmi tous les évènements qui arrivent dans le cours de la vie mortelle ; aurait suffi pour faire faire à cette âme de continuels actes de louange, de remerciement, de

---

(1) La Sainte Vierge n'a pas permis au petit berger de voir ses yeux. Il n'a pu la voir pleurer : il ne savait pas ce qu'étaient ces étincelles de lumière qui disparaissaient vers les genoux de la Belle Dame. Elle ne lui a pas même permis de contempler son visage : « *J'ai pas pu* voir sa figure qui *éblouissait* ».

réparation et d'expiation. Cette seule vue concentre l'âme en Dieu et la rend comme une morte-vivante, ne regardant toutes les choses de la terre, même les choses qui paraissent les plus sérieuses, que comme des amusements d'enfants ; elle ne voudrait entendre parler que de Dieu et de ce qui touche à sa Gloire.

Le péché est le seul mal qu'Elle voit sur la terre. Elle en mourrait de douleur si Dieu ne la soutenait. Amen. (1)

Castellamare, le 21 Novembre 1878.

Marie *de la Croix, Victime de Jésus,*

née Mélanie Calvat, *Bergère de la Salette.*

Nihil obstat : imprimatur.
Datum Lycii ex Curia Ep^{ii}, die 15 Nov. 1879.

Vicarius Generalis
Carmelus Arch^{us} Cosma

---

(1) « Amen, qu'il en soit ainsi ! » Immense souffrance et abandon toujours à la volonté divine... Comme la sainte enfant se peint admirablement dans ce cri impersonnel qui est ici d'une sublime simplicité ! La connaissance que Dieu lui donnait des péchés qui se font sur la terre, l' « odeur » du péché est la *seule* souffrance dont elle se soit plainte... Pour expier, elle pleura tellement qu'elle devint aveugle pendant son séjour à Darlington. Elle recouvra la vue par un miracle, mais ses larmes ne cessant de couler, sa vue redevint très-faible.

Oraison Funèbre

de

Sœur MARIE DE LA CROIX, NÉE Mélanie CALVAT

Bergère de la Salette

prononcée à Messine et, au Service anniversaire, dans la Cathédrale d'Altamura,

par le Chanoine Annibal-Marie de France

Publiée avec l'Imprimatur de Monseigneur Letterio, archevêque de Messine.

> « *Cantabiles mihi erant justificationes tuæ in loco peregrinationis meæ.* »
> « *J'ai chanté vos justifications dans le lieu de mon pèlerinage.*» (Ps. 118, 54)

Une créature angélique, un pur idéal d'innocence et de vertu, une existence humaine sans tache, très-suave, pleine des plus saintes aspirations de Dieu, de sa gloire et de son éternel Amour est passée par cette vallée de larmes.

Quand une personne aimée de nous s'envole dans la mort, il en reste un vide que l'on voudrait combler par le souvenir de la chère mémoire et par des larmes répandues sur la tombe qui renferme la dépouille aimée. La religion sanctifie ce sentiment et l'élève au sublime. Elle nous convoque à des cérémonies funèbres, met sur nos lèvres des prières et des cantiques pour nos défunts, nous fait assister au grand Sacrifice de l'Expiation et écrit sur la tombe de de ceux qui ne sont plus : *Qui credit in me, etiam si mortuus fuerit, vivet.*

Mais, quand se présente le cas exceptionnel que la personne défunte et regrettée a été l'une de ces âmes rares, consacrées aux plus hautes perfections, dans lesquelles se trouve un je ne sais quel air surnaturel et divin, quand ses affections ne se sont pas trouvées renfermées aux seules limites de la nature, mais ont présenté l'empreinte de l'éternelle Charité, quand les phases de sa vie et de sa mort sont accompagnées d'évènements et de circonstances qui sortent de l'ordinaire, oh ! alors la tombe de cette créature d'élection est un autel, sa mémoire une bénédiction, les cérémonies funèbres elles-mêmes, les notes plaintives de l'orgue et les voix lugubres des chantres se changent en un hymne de fête, ou bien forment l'écho de ces célestes cantiques dont les anges accompagnent cette âme accomplissant son pèlerinage au royaume de la Gloire.

Et telles sont bien les solennelles obsèques et les cérémonies dont nous offrons aujourd'hui le tribut à notre bien-aimée défunte, à Mélanie CALVAT, la célèbre bergerette de la Salette.

Des sentiments d'affection et de foi, une intime reconnaissance et une sainte vénération, voilà les émotions que nous ressentons, nous souvenant d'elle à la face de Dieu et des hommes. Elle nous a appartenu : il fut grand l'amour qu'elle eut pour nous, grand aussi l'amour dont nous l'avons aimée. Maintenant, nous cherchons un soulagement à notre douleur, nous voulons nous mettre en rapport avec cette chère âme, belle, innocente, tout imprégnée de l'amour de Jésus et de Marie, qui, néanmoins, palpite pour nous ; nous voulons l'invoquer sur la terre pour qu'elle nous entende du Ciel ; nous voulons demander sa médiation pour qu'elle le prie pour nous.

Vous, jeunes sœurs qui, avec vos orphelines, l'avez eue plus d'une année, comme votre Mère et votre Maîtresse de sublime vertu, vous éprouvez bien vif le besoin de témoigner à cette sainte âme, une fois de plus, combien sont grands vos sentiments de vénération, de tendresse et d'amour pour elle.

Ainsi donc, courage, contemplons-la dans la Foi, brillante et souriante, bien qu'invisible à nous dans ce saint temple *(innixa dilecto suo)*, appuyée sur son Bien-Aimé, et commençons son éloge après avoir invoqué le nom de Jésus.

Mélanie de la Salette naquit à Corps, petit bourg de France, dans le diocèse de Grenoble, le 7 novembre 1831, de parents respectables. Son père était maçon et scieur de long et se nommait Pierre CALVAT. Sa mère se nommait Julie BARNAUD.

Les historiens de la célèbre apparition de la Très-Sainte Vierge à la Salette disent qu'avant ce grand évènement, Mélanie n'était qu'une pauvre petite bergère fruste et ignorante, incapable d'apprendre le *Pater*. Mais combien ils se trompent ! De grands mystères s'étaient déroulés entre Dieu et son âme, depuis son enfance. Son bon père, quand elle n'avait que trois ans, lui montra un Crucifix et lui dit : Vois, ma fille, comme Notre-Seigneur Jésus-Christ a voulu mourir sur la Croix par amour pour nous ! La petite fille fixa des regards attentifs et, comme éclairée d'une lumière supérieure, sembla avoir pénétré en silence le sens intime de cette parole et de cette image. Depuis lors, une impulsion intérieure la poussait à l'amour de la Croix et du Crucifié. Avec une intelligence incomparablement au-dessus de son âge, Elle disait : « Le Crucifix de mon père ne parle pas, mais il prie en silence, je veux l'imiter, je me tairai et je le prierai en silence ». C'est ainsi qu'elle se préparait à la contemplation. La mère de la petite fille, femme non méchante, mais colère, la grondait sans cesse et lui intimait l'ordre de sortir de la maison. La petite Mélanie souriait néanmoins et s'efforçait d'embrasser cette mère irritée. Un jour, elle avait près de cinq ans, sa mère lui ordonna de s'en aller et de ne plus revenir. La pauvre petite se retira dans un bosquet voisin et se plaignant de son triste sort, comme elle écrit dans quelques-uns de ses mémoires, elle s'assit au pied d'un arbre, lasse et oppressée et s'y endormit. Un songe mystérieux se présenta à elle et fut comme le prélude de toute sa vie, de tout son pèlerinage terrestre. Il lui sembla voir l'enfant Jésus, du même âge qu'elle, vêtu d'une robe rose qui, l'abordant, lui dit : « Petite sœur, ma chère petite sœur, où allons-nous?» Poussée par un instinct divin, elle répondit: «Au Calvaire». Alors, le céleste enfant la prit par la main et la conduisit sur la montagne sainte. Pendant ce voyage, le ciel se couvrit de nuages et s'obscurcit, et une grande pluie de croix de toutes dimensions lui tomba sur les épaules. Une foule de gens lui adressaient des injures et lui témoignaient leur mépris. Effrayée, elle serre la main de son guide céleste, dont elle avait perdu la vue agréable au milieu des ténèbres. Tout à coup, elle lâcha la main qui la conduisait et tomba dans une profonde désolation. Néanmoins, le voyage se termina et elle arriva sur le Calvaire. Là il se passa une scène horrible. En bas, il s'ouvrit un gouffre de feu, dans lequel des multitudes de gens se précipitaient ; l'âme épouvantée, et obéissant à une impulsion divine, elle s'offrit comme victime de toute souffrance pour le salut éternel des âmes, pour la conversion des pécheurs.

A ce moment, la petite fille s'éveilla : le soleil apparaissait à l'horizon, ce songe avait duré toute la nuit.

De retour à la maison paternelle, elle ne raconta rien de ce qui s'était passé cette nuit, mais garda le silence pour imiter le Crucifix de son père. Une vie nouvelle de souffrance et de recueillement commençait pour elle. Le céleste enfant qu'elle avait vu en songe lui est toujours présent à la pensée, elle lui parle dans le plus intime secret de son cœur, elle lui offre ses travaux et ses souffrances, et il lui semble qu'il l'appelle toujours du doux nom de « petite sœur, ma chère petite sœur », au point que, chaque fois qu'on lui demandait quel était son nom, elle répondait avec une grande simplicité : « Petite sœur ».

Ainsi cachée et absorbée par les précoces contemplations d'une vie remplie d'immenses grâces du ciel *(dont la révélation causera sans doute une grande suprise dans le monde religieux)*, cette créature d'élection, dès son jeune âge, buvait en silence le calice des humiliations et des mépris, chassée inhumainement plusieurs fois de la maison maternelle, et envoyée çà, et là, au service de plusieurs familles de paysans.

Un jour, sa mère irritée voulant, en quelque sorte, s'en défaire, la mit, par punition (Elle nous l'a dit, il a quelques années, en souriant), en service sur les montagnes alpestres de la Salette, dans une pauvre famille de paysans qui lui confièrent le soin de mener leurs vaches au pâturage.

Ces montagnes appartiennent à la grande chaîne des Alpes françaises, élevées de près de 2,000 mètres au-dessus du niveau de la mer. Là, l'hiver est très-rigoureux, mais quand une belle journée de printemps ou d'été y fait briller les rayons du soleil, elles offrent un spectacle sublime et enchanteur. Au loin, tout en haut, à l'horizon, une ceinture de montagnes escarpées, ici des vallées profondes et, tout autour, des collines et des plateaux revêtus de verts tapis d'herbe mêlée de petites fleurs sauvages. Ce lieu solitaire, où l'on ne voyait presque jamais un être humain, fit vite les délices de cette âme innocente, cachée, séparée du monde et comme intimement unie à son Créateur. Alors, elle goûtait les paroles du docteur de Clairvaux : « O bienheureuse solitude, ô seule béatitude ! »

Mais quels étaient les mystères du divin amour qui se déroulaient dans ces lieux solitaires entre cette âme choisie et son Dieu? Il a été dit : « Je la conduirai dans la solitude et je parlerai à son cœur ». Elle prenait plaisir, pendant que ses vaches paissaient, à parler avec les fleurettes du bon Dieu, comme elle le disait, à les inviter à louer le Créateur, et à les plaindre de ne pouvoir l'aimer.

Le 19 septembre 1846, un samedi, survint, sur la montagne de la Salette, cette célèbre apparition de la Très-Sainte Vierge à l'heureuse bergerette et au petit Maximin, qui, pour huit jours, venait, lui aussi, sur cette montagne avec ses vaches.

La Sainte Mère de Dieu apparut avec les signes de la Passion, pleurant pendant tout le temps qu'elle parla aux deux bergers, menaça des châtiments divins à cause du mépris et de la profanation du Dimanche et confia deux secrets, l'un à Mélanie et l'autre à Maximin. Avant de disparaître, la Sainte Vierge avait dit : « Mes petits enfants, tout ce que je viens de vous confier, faites-le savoir a mon peuple ».

Cet ordre de la Très-Sainte Vierge fut le point de départ d'un autre genre de vie pour la jeune bergère. Elle fut comme arrachée à sa chère solitude, enlevée à l'oubli et au mystère de sa vie cachée, et investie d'une mission qui devait lui causer des douleurs et des larmes, des ovations et des mépris, la vénération et la calomnie, et de longues pérégrinations de pays en pays. « *Cantabiles mihi erant justificationes tuæ in loco peregrinationis meæ* ».

Ce ne fut que grâce à une continuelle assistance surnaturelle qu'elle put résister et persévérer jusqu'à la fin.

L'apparition de la Salette a été une manifestation de la Mère des Douleurs. La Très-Sainte Vierge était apparue pendant les vêpres qui précédaient la fête de Notre-Dame des Sept Douleurs. Elle avait un crucifix sur sa poitrine, ainsi que le marteau et les tenailles, symbole éloquent de la mère broyée et désolée.

A partir de ce moment, MÉLANIE fut appelée à participer plus intimement aux peines de JÉSUS et de MARIE.

Chassée de France par Napoléon III, elle alla en Angleterre et fit sa profession parmi les Carmélites de Darlington.

Quand vint le moment de publier le secret de la Salette, elle fut relevée de ses vœux par Pie IX et, depuis ce jour, qui pourrait dire les multiples vicissitudes traversées par cette créature unique ?

Encore jeune, avec ses vingt-six ans, elle se trouve seule dans le monde, fugitive, errant à l'aventure, un peu dans un pays, un peu dans un autre. Mais son esprit comme son cœur se trouvaient toujours concentrés sur un seul point : l'accomplissement de la volonté divine. En quelque lieu qu'elle se portât, il semblait qu'autour d'elle l'atmosphère se purifiait et, à son aspect, chacun était frappé de sa modestie, de sa suavité et même de son silence. Quand elle se trouvait dans une Eglise, son recueillement et son attitude humble faisaient entrevoir quelque chose de sa sainteté cachée. Elle restait ignorée partout où elle se rendait, mais lorsque, après un certain temps, elle était reconnue et devenait un sujet de vénération, la pure colombe du Seigneur prenait son vol vers d'autres régions.

En religion, elle avait pris le nom de Sœur Marie de la Croix et elle le conserva toujours. Dieu la voulait sans cesse crucifiée.

Douée d'une sensibilité exquise, d'un esprit sagace et pénétrant, profonde et intime dans ses affections, très-sensible dans sa compassion des misères humaines, très-généreuse pour le Zèle de la gloire divine et le salut des âmes, elle passa toute sa vie en une agonie spirituelle que l'on ne pourra comprendre qu'en Dieu. Ses journées et ses nuits furent remplies de ses pleurs continuels et de ses gémissements de mystique colombe. La plainte de la Très-Sainte Vierge sur la montagne de la Salette était toujours présente à son esprit, elle y associait ses larmes qui, à la fin, allèrent jusqu'à faire baisser sa vue. Mais les rayons vifs et pénétrants de ses yeux noirs pleins d'intelligence et contemplatifs ne furent pas amoindris.

C'est à l'école de la souffrance que se façonnent les trempes fortes et robustes de l'esprit. Mais quelle différence entre les héros de la religion et ceux du siècle ! La souffrance des Saints, c'est l'imitation de Jésus-Christ, le pur amour de Dieu, l'amour de la Croix, le triomphe de la grâce sur l'humaine faiblesse, c'est une souffrance qui se réjouit de donner une preuve d'amour à l'Aimé, qui s'enivre dans la souffrance elle-même et lui fait prendre part à cette soif Mystérieuse qui faisait crier au Divin Rédempteur sur la montagne du Sacrifice : « *Sitio* », J'ai soif !

La souffrance des âmes qui aiment Dieu a des motifs très-élevés et des fins sublimes. Le cœur, l'âme, les sens, sont mis comme en un creuset parce que Dieu n'est pas aimé, parce que l'on craint de l'offenser, ou souvent parce que, dans le secret de l'esprit, le vivant Soleil de la Divine Présence se trouve comme obscurci, ou simplement parce que l'âme aimante voudrait comme s'anéantir afin que Dieu fût glorifié, ou parce qu'elle voudrait s'échapper du corps et voler vers les divines caresses, et que l'heure et la minute ne sont pas arrivées. C'est ce qui faisait crier au Prophète : Hélas, mon pèlerinage n'a pas encore assez duré !

Telle était la souffrance de cette créature privilégiée. Quelles ont été ses tribulations intérieures, d'un genre plus qu'ordinaire, ce n'est pas ici le lieu de les dépeindre. Elle a confié à une personne que, toute jeune encore, elle eut dix années d'enfer dans son esprit. Alors on la crut folle ou hallucinée, alors on la conduisit à la Grande Chartreuse. Néanmoins, chose merveilleuse que l'on ne rencontre que dans la vie des Saints, elle-même n'était jamais rassasiée de souffrir pour Jésus-Christ. Elle disait dans ses transports : « Je demande au Seigneur de me faire souffrir et de me cacher ». Véritable caractère d'une vertu solide et d'une profonde humilité.

Et ici, je ne dois pas passer sous silence un long et saint martyre que souffrit cette sainte privilégiée pendant toute sa vie.

Admettant, bien qu'avec une foi purement humaine, l'apparition de la Très-Sainte Vierge à la Salette, nous pouvons également admettre, en raison de diverses déclarations explicites de Mélanie CALVAT, que la Très-Sainte Vierge, dès qu'elle lui eut confié un secret, lui aurait ensuite révélé qu'il sortirait de la Sainte Église un insigne ordre religieux, dit des nouveaux Apôtres ou des Missionnaires de la Mère de Dieu, qui seront répandus par tout le monde et feront un bien immense à la Catholicité. Cette congrégation comportera un second ordre et un Tiers-Ordre. Ils seront enflammés, pour la gloire de Dieu et le salut des âmes, d'une ardeur semblable à celle des premiers Apôtres. Les paroles contenues dans le Secret de Mélanie et par lesquelles la Très-Sainte Vierge annonce la formation de ce grand ordre religieux n'ont, en vérité, rien de notre humanité; elles respirent un souffle divin, elles sont la simplicité mise en harmonie avec le sublime. La Très-Sainte Vierge, après avoir annoncé cet événement futur, donna à Mélanie la règle que devait suivre ce nouvel ordre religieux. Cette règle, Mélanie la conserva de mémoire dans son esprit pendant douze ans, sans l'avoir écrite. « Il semblait qu'elle était imprimée en moi, disait-elle ». Plus tard, le moment marqué par la Très-Sainte Vierge pour la divulgation du Secret étant arrivé, MÉLANIE écrivit cette règle, mais alors il lui devint impossible de bien la conserver présente à la mémoire.

Cette règle fut soumise au jugement d'une commission de cardinaux de la Sainte Église et jugée par eux irréprochable. Elle est comme un chapitre de l'Évangile et contient la quintessence de la perfection chrétienne mise en pratique avec la plus grande douceur et avec charité.

Or MÉLANIE souffrit pendant toute sa vie une agonie spirituelle, dans l'attente de voir l'accomplissement de la parole de la Très-Sainte Vierge et l'organisation des nouveaux Apôtres de la Sainte Eglise. Loin de là, elle fut témoin des persécutions que la dévotion à Notre-Dame de la Salette eut à supporter, par la volonté de Dieu, et au point qu'à chaque persécution, cette dévotion semblait devoir s'anéantir. Ses regards étaient toujours tournés vers Rome, attendant que la suprême autorité de l'Eglise couronnât de gloire et d'honneur la Salette, et qu'il en sortît enfin la fondation après laquelle elle soupirait. Mais la prudence du Saint-Siège en pareille affaire et la divine Providence qui règle et dispose tout, avaient amené cette sainte créature à une continuelle et parfaite résignation à la volonté divine. Alors, elle aura dit avec Ezéchias : « *Ecce in pace amaritudo mea amarissima !* » Souvent, elle se considérait elle-même comme un obstacle à l'accomplissement du plan divin, et alors elle s'anéantissait devant Dieu, se mortifiait de différentes manières et souhaitait la mort, soupirait après elle, la demandait dans ses prières.

C'est de cette manière que cette pauvre exilée sur la terre chantait le cantique de ses destinées. « *Cantabiles mihi erant justificationes tuæ in loco peregrinationis meæ* ».

Si celle qui apparut sur la montagne de la Salette fut la Très-Sainte Vierge Marie, la Mère immaculée de Dieu, si ce fut cette Mère incomparable qui confia son secret à Mélanie et à Maximin et donna une règle très-sainte pour un nouvel ordre religieux très-nombreux des derniers Apôtres, qui pourra douter que la promesse de la Reine du Ciel doit recevoir son entier accomplissement ? Dans ce cas, réjouis-toi, ô innocente bergère de la Salette, réjouis-toi en Dieu, ô âme choisie entre mille ; ton long martyre n'a été qu'une préparation à une grâce si ineffable ! Le sacrifice de ta vie simple, offerte en holocauste à travers les souffrances et les mortifications de toutes sortes, sera béni de Jésus et de Marie, et son fruit sera une génération d'élus. Et qui pourra les nommer? *Generationes ejus, quis enarrabit ?*

Que Dieu est admirable dans ses œuvres ! La vie humble, cachée et pénitente de Mélanie sera devenue, en face de l'infinie bonté de Dieu, un titre à sa miséricorde en faveur de l'humanité ; la vie de Mélanie, qui commençait à être connue et admirée, maintenant qu'elle-même est séparée de ce monde, sera peut-être un motif pour hâter cette divine règle, dictée par la Très-Sainte Vierge et, par suite, les biens immenses qui pourront en découler.

Dieu connaît le chemin des cœurs. Il est écrit que belles sont les voies de la Sagesse : « *Viæ ejus viæ pulchræ* ». Lorsque dans la vie d'une sainte créature, à une solide vertu se trouve joint un ensemble de situations diverses, d'évènements et de fruits intrinsèques et extrinsèques, dans lequel le beau, le sublime, le pathétique frappent, attirent, envahissent le cœur et l'imagination, alors tout l'homme est conquis et gagné à la vérité.

J'ai cru découvrir quelque chose de semblable dans cette vie et dans les diverses péripéties traversées par cette élue du Seigneur, au point de ne savoir s'il fut, à notre époque, dans le monde, une autre qui pût lui être comparée. Les quelques mémoires qu'elle écrivit sur elle-même, par obéissance, mettront le comble à ces merveilles. Tout d'abord, c'est une petite fille qui habite dans les bois, souvent entourée d'animaux sauvages et d'oiseaux divers, se jouant avec les uns comme avec les autres : puis c'est une jeune bergère solitaire qui conduit les moutons et les vaches dans les endroits escarpés et sauvages et là, assise à l'ombre d'un arbre touffu, prie ou cause avec les fleurs.

Mais voici que les grandes splendeurs du surnaturel l'environnant, la transportent jusqu'au ciel La Toute-Belle, Celle qui est lumière, amour, grâce, poésie de l'Infini, la Vierge Marie se montra à Elle, lui parla. Voici que le nom de la petite bergère inconnu vole de bouche en bouche et remplit le monde.

Oh ! combien ont envié son sort ! Combien ont désiré la voir ! la vénérer ! combien ont essayé de baiser au moins le bord de ses vêtements. Mais la voici devenue plus belle encore du soin continuel et plein d'humilité qu'elle prenait de se cacher ! L'heureuse bergère devient aussitôt une vierge sacrée, vouée à l'Epoux Céleste.

Les habits de la pénitence, le silence des saints cloîtres donnent un nouvel éclat à sa beauté céleste. Elle était alors dans la fleur de ses vingt ans.

D'ici peu d'années, la bergère de la Salette, l'habitante des bois, la virginale colombe se trouve vouée au pèlerinage du monde, elle entre dans une nouvelle phase de son existence qui doit durer toute sa vie. Pendant cinquante ans environ, Mélanie de la Salette accomplit une mission ou un sacrifice auquel Dieu la destinait par ses fins impénétrables. Une vie nomade, errante, de pays en pays, toujours dans l'espoir d'en trouver un où elle pût se cacher à tous, et où les hommes n'offenseraient pas Dieu ! « Quelques-uns, me disait-elle un jour, croient que je me plais à voyager et à aller de ça, de là ! mais combien ils se trompent ! » Et combien elle avait de motifs pour justifier ses pérégrinations !

Mais une halte de la sainte élue du Seigneur dans ses divers pèlerinages nous vaut le doux, le suave souvenir de notre ville de Messine et de ce pieux Institut religieux de charité. Il est bien juste que nous évoquions cette sainte mémoire et que nous vous en entretenions quelque peu, puisque c'est pour Elle que nous sommes ici recueillis au pied du Saint Autel et que nous célébrons cette cérémonie funèbre.

Messine, la cité de Marie très-sainte, a reçu de tout temps les marques particulières de l'amour de Celle qui lui a promis sa protection perpétuelle. Il y a sept ans que MÉLANIE de la Salette vint demeurer ici, pendant un an et 18 jours. Son arrivée fut précédée de quelques signes qui tiennent du miracle.

Ce qui donna naissance à un si grand bien fut que notre Institut traversait alors une période de difficultés telle qu'il semblait devoir être supprimé. Depuis quelque temps, un séjour de peu d'heures à Castellamare di Stabia m'avait fait souvenir de ce que je savais par la renommée, c'est-à-dire, que la Bergère de la Salette se trouvait là ! Grand fut mon désir de la connaître, mais ce fut en vain ; parce que cette colombe fugitive avait porté ailleurs son nid. Elle se trouvait à Galatina, diocèse de Lecce. Il me resta un vide dans le cœur.

De retour à Messine, j'en écrivis à Mgr Zola, d'heureuse mémoire, alors évêque de Lecce, qui me donna gracieusement l'adresse de MÉLANIE, et bientôt j'entrai en correspondance avec la servante du Seigneur. Oh ! quel parfum de Sainteté me semblait s'exhaler de ses lettres. Je m'en trouvais transporté au Paradis ! Un jour elle m'écrivit qu'elle allait quitter Galatina, mais qu'elle ne ferait connaître à personne sa nouvelle adresse. Cela me surprit et je me décidai à aller la trouver pour l'inviter à venir à Messine dans notre Institut. Ce fut pour moi comme un voyage de dévotion vers la Sainte Vierge ; je souriais à la pensée de voir et d'entendre parler cette heureuse créature qui avait vu la Sainte Mère de DIEU et l'avait entendue parler.

J'ai vu Mélanie dans sa pauvre demeure, j'ai conversé avec elle, je l'ai entendue raconter la Grande Apparition de la Salette ; et saintes et profondes furent mes émotions. Je l'invitai à venir à Messine, mais elle ne se décida pas. Elle me parla avec affection de Messine, me dit qu'elle portait sur elle, imprimée, la lettre de la Très-Sainte Vierge aux habitants de Messine (1), et me la montra traduite en français. Finalement, elle ne se décida pas. De retour, je trouvai mon pauvre Institut près de sa fin. Alors, je m'enhardis à exposer cette situation à l'Elue du Seigneur et lui renouvelai l'invitation, lui demandant de venir au moins pour une année. Immédiatement elle me répondit qu'elle acceptait, et qu'elle viendrait dans le but d'organiser et de former cette Communauté des Filles du divin Zèle du Cœur de JÉSUS, qui sont préposées à l'éducation des orphelines recueillies, et qui ont embrassé la sainte Mission d'obéir, par vœu, au précepte du Divin Zèle du Cœur de JÉSUS, *Rogate ergo Dominum*.

Oh ! mes filles en Jésus-Christ, quel bonheur pour vous ! MÉLANIE, la fille de prédilection de MARIE Très-Sainte, la créature sage, noble et aimable, a été l'Educatrice et en quelque sorte la fondatrice de votre humble Institut.

---

(1) La ville de Messine se glorifie de posséder une lettre que la Sainte Vierge écrivit à ses habitants qui venaient de recevoir la foi chrétienne.

Vous ne pourrez jamais oublier quel jour heureux fut celui de sa venue parmi vous. C'était le 14 septembre 1897, le cinquième jour de la neuvaine de N.-D. de la Salette, le Saint jour de l'Exaltation de la Sainte-Croix ; admirable mais inévitable coïncidence de la part de Celle qui, sur la montagne de la Salette, avait vu la Très-Sainte Vierge et devait changer son nom en celui de Sœur Marie de la Croix. Il était 10 heures du matin quand Sœur Marie de la Croix se présenta sur cette place du Saint-Esprit, je l'attendais au seuil de ce Saint Temple. En la voyant, je ne pus m'empêcher de m'écrier: d'où me vient tant d'honneur qu'une préférée de la Mère de Dieu vient me trouver ? Mais elle, se mettant de suite à genoux, demanda la bénédiction du prêtre, ensuite elle entra dans la maison du Seigneur et assista dans un profond recueillement au Très-Saint Sacrifice de la Messe. Vous toutes, mes sœurs, ainsi que vos orphelines, vous l'attendiez dans la grande salle du parloir. Vous étiez dans une sainte attente, comme si, à travers une créature terrestre, vous eussiez dû voir la Très-Sainte Vierge en personne. Et non seulement la voir, mais la posséder au milieu de vous ; quel guide maternel et quelle Maîtresse ! A son entrée, accompagnée de moi, vous êtes tombées à genoux, saisies de respect et d'affection et vous avez demandé sa bénédiction.

Mais l'humble servante du Seigneur, confuse, se prosterna elle-même à terre et demanda la bénédiction du ministre de Dieu pour elle et pour vous. Telle fut son arrivée dans notre pauvre Institut.

Je ne veux pas vous rappeler davantage les merveilles qu'elle opéra ici. Mon Dieu ! nous avons assisté à des manières d'agir non communes ! Tout, dans cette créature, était nouveau et souvent mystique. Assurément la vertu qui était en elle et transperçait faisait souvenir des vies des

Saints. Tout d'abord elle était d'une charmante innocence : c'était une colombe très-pure qui semblait avoir plané au-dessus de toutes les misères humaines sans avoir été effleurée d'une seule goutte. C'était un lis parfumé de virginité, c'était une toute petite enfant sortant des fonts baptismaux, mais cependant riche en prudence et en sagesse. Plus d'une fois, nous avons vu des oiseaux entrer dans le Monastère et jusque dans sa chambre, comme s'ils la cherchaient pour jouer avec elle.

L'esprit de mortification et de pénitence qui l'animait était remarquable. Elle prenait excessivement peu de nourriture, à peine quelques onces, et l'absorbait à petites bouchées. A Galatina, un kilogramme de pain lui durait quinze jours. Chez nous, elle en prenait à peine une once ou deux par jour. Elle buvait également fort peu, et jamais à pleines gorgées. Avant d'être parmi nous, elle restait par semaine trois jours consécutifs sans boire et disait : « Il y a de si grandes soifs par le monde ! » Le jour de Pâques nous l'avons vue solenniser à table cette grande Fête, en prenant la moitié d'un œuf ! Jamais un fruit, jamais une douceur. Son sommeil ne dépassait pas trois heures et toujours sur la terre nue, comme vous avez pu le constater, mes sœurs. Combien de fois, dans le calme de la nuit, l'avez-vous vue passer, une lumière à la main, à travers les dortoirs ! Que dirons-nous des macérations de son corps virginal ? Que signifiaient ces linges couverts aux épaules de sang frais, que vous avez eu occasion de trouver en mettant ses vêtements à la lessive ? Que signifiait cette table toute hérissée de clous disposés en croix, qui donnait le frisson et que nous conservons avec des traces de taches de sang ?

Néanmoins, calme, sereine, tranquille, consommée dans la vertu et la souffrance, elle semblait extérieurement n'avoir rien ressenti ; gracieuse et délicate dans sa démarche, ses manières et son langage, et comme si en elle les contrastes s'étaient harmonisés, elle était recueillie et sociable, humble et imposante, aimable et réservée, forte et soumise, et celle qui était restée une toute petite enfant semblait supérieure à une personne adulte et mûre. Elle était, en réalité, simple comme la colombe et prudente comme le serpent.

Je voudrais avoir le langage d'un ange pour vous parler de notre MÉLANIE et vous donner une idée de son amour ardent pour Notre-Seigneur JÉSUS-CHRIST et la Très-Sainte Vierge MARIE. En vérité, sa vie fut une vie d'amour ! Elle aimait DIEU du pur amour, et les flammes de cet incendie mystique la consumaient tantôt plus, tantôt moins. Tous les sens, toutes les fibres, toutes les facultés de cette créature de DIEU tressaillaient d'amour. Vous vous souvenez avec quel transport d'amour elle se nourrissait, toute une journée, de JÉSUS au Saint-Sacrement. C'était son expression : « Ce que j'aime, je voudrais le manger ! »

Ah ! j'ai mis à une épreuve son amour pour le Saint-Sacrement un jour que, inopinément et sans qu'elle s'y attendît, je lui défendis de s'approcher de la Sainte Communion. Elle tressaillit, se trouva mal et tomba à terre comme morte. J'ai pu alors me faire une idée de ce qu'est un véritable esprit de vertu, quand, ayant repris ses sens, elle parut pendant tout le reste de cette journée aussi douce, aussi humble, aussi suave, et même davantage ; et moins que jamais, vous n'avez pu vous défendre de votre admiration habituelle. Mais le pur amour de DIEU engendre le zèle de sa gloire et du salut des âmes. Le zèle, a dit le Saint Evêque de Genève, est la flamme de la charité. Grand était le zèle qui brûlait dans le cœur virginal de Mélanie. Elle aurait voulu s'immoler à chaque instant pour que DIEU fût glorifié, JÉSUS connu et aimé en tous lieux, et toutes les âmes sanctifiées et sauvées. Sa foi vivante et son zèle ardent lui faisaient considérer les prêtres comme de *nouveaux Christs*, et lui faisaient désirer que le Monde fût rempli de vrais Ministres du Sanctuaire.

Je ne doute pas que, pour ce motif, elle n'ait vivement aimé notre humble Institut, et que, depuis qu'elle l'a connu, elle ne l'ait porté toujours en son cœur, en faisant l'objet de ses ardentes prières, parce que nous avions pris pour notre devise et notre mission cette grande parole de l'Evangile, ce céleste précepte sorti du divin zèle du Cœur de Jésus : *Rogate ergo Dominum Messis ut mittat operarios in Messem suam.*

Oh ! mes Sœurs, cette prière que vous récitez dévotement tous les jours, combien elle l'avait à cœur ! elle voyait dans cette humble institution sortie de ses mains et dans cet esprit de prière comme le précurseur de sa chère fondation des nouveaux Apôtres ou des Missionnaires de la Mère de Dieu. Elle voulut même attacher à son vêtement le scapulaire du Cœur de Jésus portant cette parole sacrée, qui forme notre devise : « Demandez au maître de la moisson d'envoyer des ouvriers à son champ », et ce ne sera ni vous, ni moi, mes sœurs, qui donnerons un démenti à cette réflexion qu'elle me fit un jour, en français : « Je suis de votre Congrégation ».

Je renonce à décrire les merveilles dont vous ou moi avons été témoins pendant que Mélanie demeura parmi nous. Je ne dis rien de ses recueillements subits, dans lesquels elle semblait hors de ses sens et comme ravie en extase ; rien de cette sorte de divination des cœurs qui lui faisait lire les pensées cachées, rien des deux ou trois guérisons d'orphelines survenues à la suite d'un signe de Croix fait par elle, rien de son extraordinaire confiance en la Très-Sainte Vierge, grâce à laquelle elle semblait avoir toujours dans les mains et à temps voulu, les objets, la nourriture ou l'argent, selon les besoins de la Maison. Faisons silence sur tout cela et ne préjugeons rien des jugements autorisés qu'il appartient à l'autorité de prononcer.

...Qu'il passa vite pour nous, le temps que nous gardâmes MÉLANIE de la Salette! Vint le jour de son départ ; elle en était profondément attristée. Vous vous souvenez avec quelle humilité elle se prosternait en vous demandant pardon à grands cris ; et vous, avec des plaintes amères, mais hélas ! plus compréhensibles que les siennes, vous faisiez comme elle ! « Mère, lui disiez-vous, à travers vos sanglots, vous souviendrez-vous de nous ? nous recommanderez-vous au Seigneur ? » Et elle : « Oui, mes filles, toujours je vous porterai dans mon cœur; toujours je prierai pour vous.., je vous laisse pour supérieure la Très-Sainte Vierge ».

De Messine elle alla à Moncaliéri ; de Moncaliéri en France. Elle fut à Diou; elle fut à Cusset. Mais un jour elle dit : « Je ne veux pas rester en France ; *je ne veux pas mourir chez les Francs-Maçons* ». C'est alors qu'elle se résolut à retourner dans sa chère Italie, chercher quelque refuge isolé où personne ne la connût, où, dans le silence et la solitude, elle pût se préparer à la mort. Dès ce moment les feux du divin amour étaient devenus en elle irrésistibles; elle se sentait fortement attirée au Ciel.

Altamura, de la province de Bari, ville heureuse et bénie, fut le terme de ses pèlerinages terrestres. Elle y arriva en juin 1904. Elle avait alors 72 ans, et était comme à bout de forces. S. E. Mgr Cecchini, le très-digne Evêque des deux diocèses d'Altamura et d'Acquaviva, lui fit grand accueil : il savait quel trésor Dieu envoyait à sa ville épiscopale ! Sur les instantes prières de la Servante du Seigneur, il garda fidèlement le secret de sa venue. Il la confia, sans la nommer, à la noble et pieuse famille Gianuzzi qui ne tarda pas à constater l'extraordinaire sainteté de cette admirable étrangère, et se prit bien vite à l'aimer autant qu'à la vénérer ; mais Elle, qui, détachée de toute affection terrestre, chassée même de la maison de sa mère, avait passé dans le silence et le secret les premières années de sa petite enfance, Dieu la destinait à mourir dans une chambre étroite, dans un abandon total, loin de la présence, loin des secours de toute créature humaine.

C'est sa coutume, à Dieu, de révéler à ses chers serviteurs le jour et l'heure de leur mort. Avait-il réservé cette grâce à la favorite de la Très-Sainte Vierge? nous l'ignorons. Il faut pourtant remarquer que MÉLANIE CALVAT, trois mois avant sa mort, quitta la pieuse famille Gianuzzi en lui rendant humblement grâces pour sa cordiale hospitalité, et se retira dans un petit quartier de la ville, le plus écarté, là où elle pouvait le plus facilement se cacher à tous les regards. Tous les matins elle se rendait à la cathédrale pour y entendre la Sainte Messe et s'y nourrir de « son cher ami de l'Eucharistie ». Rien qu'à la voir, les fidèles étaient dans l'admiration devant le recueillement profond de cette inconnue.

Le 15 décembre de cette même année 1904, jour octave de la fête mondiale de l'Immaculée Conception, et veille de la neuvaine préparatoire de Noël, on ne vit pas venir à l'Eglise la Servante du Seigneur.

Mgr l'Evêque se hâte d'envoyer chez elle son valet de chambre, s'informer si elle a besoin de quelque chose. On frappe à la porte ; pas de réponse. On refrappe, on refrappe avec bruit; toujours le silence. On va vite prévenir Monseigneur qui, soupçonnant un accident grave, avise l'autorité civile. Celle-ci se rend sur les lieux, constate que personne ne répond, brise la porte et entre.

La Servante du Seigneur gisait sans vie sur la terre nue.

De la sorte sont morts de grands saints à qui l'Eglise a

donné les honneurs des autels ; Saint Paul l'ermite et Sainte Marie l'Égyptienne, dans le désert ; Saint François Xavier, sur une plage ; et dans une étable, Sainte Germaine Cousin, cette bergère de France dont la vie a bien des ressemblances avec la vie de MÉLANIE.

Remarquons pourtant que la miséricorde de Dieu, cette Providence, pleine d'amour pour ceux qui l'aiment, avait déjà précédemment pris ses dispositions pour sa servante. En France, avant son départ pour Altamura, elle avait été sur le point de mourir, et, comme si elle eût été sur son lit de mort, elle avait reçu le saint Viatique et l'Extrême-Onction. Oh ! bienheureux ceux dont la vie est avec Jésus, dont la vie s'éteint dans l'amour de Jésus ! *Beati mortui qui in Domino moriuntur...* Elle avait vécu pauvre, solitaire, pénitente ; elle n'avait désiré que l'oubli : seule avec Dieu ! Elle voulait mourir comme elle avait vécu !

Mais saurons-nous les inventions délicates et pleines d'amour de son Bien-Aimé, de celui qui est fidèle et vrai, dans ces solennels moments ? Qui nous dira les secours pleins d'affection de l'Immaculée, de celle qui, sur la montagne de la Salette, s'était montrée à elle, si belle et si majestueuse ! Et cette assistance réconfortante des anges, ses frères ? Tout cela a été dérobé aux regards des hommes...

La mort de MÉLANIE a été comme l'image condensée de sa vie ! (1)

---

(1) Mélanie fut souvent communiée par Notre-Seigneur lui-même et jouissait de la vue continuelle de son ange gardien. Or deux habitants d'Altamura ont affirmé avoir entendu dans l'appartement de la « pieuse dame française » à l'Angelus du soir, la nuit qu'elle est morte, des chants angéliques sur l'air de *Pange lingua*, et le tintement d'une clochette comme lorsque l'on porte le Saint-Viatique.
Devant un auditoire qui connaissait ce témoignage, l'orateur s'est donc borné à l'insinuer, et la solennité d'une oraison funèbre exigeait cette discrétion. Quelqu'un lui écrivit de vouloir bien confirmer la déposition de ces deux témoins, ou la démentir formellement

Mais ce serait se tromper que de voir dans cette mort sur la terre nue la simple conséquence imprévue d'une syncope. Non ! son lit, elle ne s'en servait pas, la servante de Dieu, innocente et pénitente. Nous l'avons déjà dit, c'est sur la terre nue qu'elle prenait pendant quelques heures de la nuit, son repos et son sommeil... N'est-ce pas le cas de s'écrier : *Moriatur anima mea morte justorum ?* Cette « Juste », puissions-nous mourir comme elle mourut ? Puisse la fin de notre vie ressembler à la sienne !

Adieu, âme si belle ! Adieu, créature d'amour, ouvrage complet de l'amour, du très-pur et très-saint amour de Jésus, le Souverain Bien ! Adieu, Vierge vigilante et prudente ! Quand, dans le calme de la nuit, la voix de l'Epoux t'appela, sans retard, tu courus à Lui, avec la Lampe mystique, la lampe remplie d'huile et ruisselante de splendeur !... Pour toi sont finis les travaux, les longs et fatigants voyages, les pèlerinages épuisants, les profondes agonies d'amour, du saint Amour avec sa faim insatiable et son inextinguible soif de la Justice qui n'habite pas cette terre ! A cette heure, c'est le Très-Haut qui est ton héritage !... Oui, cette pensée nous est très-douce : les flammes expiatrices n'ont pas été pour toi, ou du moins ton passage y a été rapide, et te voilà pour l'éternité, entrée dans la joie de ton Dieu ! Oui, ils sont réalisés dans le bonheur, ces ardents désirs de l'union sans fin avec le Seigneur, qui, si souvent, t'arrachaient ce cri : « Quand viendra l'heure ? Oh ! quand l'heure viendra-

---

Voici sa réponse :
« Je vous certifie qu'il est très-vrai que le gentilhomme Pascal Massari, d'Altamura, personnage respectable, digne de foi, et une dame, voisins de Mélanie, m'ont affirmé (et sont prêts à prêter serment) avoir entendu, le premier, le chant de *Pange lingua* qu'accompagnaient des voix angéliques, avec des tintements de clochette ; l'autre un bruit continu de clochette comme quand on porte le Saint-Viatique.

« J'ai recueilli ces dépositions en présence de deux prêtres de mes amis, dont l'un est Français, après avoir posé à ces personnes de minutieuses et précises questions. »

t-elle !... » Sois dans l'allégresse, dilate ton cœur dans la vision béatifique de ce Jésus, l'objet de tes soupirs, l'aspiration perpétuelle de ton âme pleine d'amour, ce Jésus que tu n'as pas craint de suivre sur sa voie douloureuse ! Sa croix, elle a été pour toi délices, sourire et joie, « fleur qui jamais ne se flétrit, » écrivais-tu souvent ! Oh ! que de fois, semblable à l'Epouse du Cantique, tu as langui d'amour pour le Bien-Aimé ! C'était un feu qui s'élançait de ta poitrine !... Et quand, entrée dans le royaume de l'Eternelle Gloire, quand tu as vu la Reine sans tache, Celle qui avait comme affolé ton cœur d'un amour d'enfant, si tendre et si plein de confiance, ce cri : « Madonna mia ! Madonna mia ! » avec lequel tu acclamas la Grande Reine... tout cela, comment pourrais-je le dire !...

O Mélanie, de ce trône élevé sur lequel Dieu vous a assise au Ciel, vos regards s'abaissent-ils encore sur cette terre ? Nous aimez-vous toujours avec ce cœur qui nous a tant aimés en ces bas lieux de l'exil ? Mais que dis-je ? Est-ce que tout amour d'ici-bas ne se perfectionne pas au contact de Dieu ? Est-il possible que, dans le Ciel, les Bienheureux n'aiment pas ceux qui les aiment ? Oui ! En Dieu vous nous aimez... Un jour, pendant que vous étiez au milieu des pauvres orphelines, on vous disait : « Mère (on vous donnait ce doux nom), Mère, une fois partie, vous ne penserez plus à nous. — Ah ! répondiez-vous, vous ne connaissez pas mon cœur ! »

A cette heure où dans le Royaume de l'Eternel Amour vous nous aimez de la parfaite Charité, ah ! ne cessez pas de prier pour nous. Priez pour tous ceux qui vous vénèrent comme une créature céleste. Priez pour ces vierges « les Filles du Divin Zèle » pour l'éducation religieuse desquelles vous avez dépensé une année de votre vie, avec des soins plus que maternels, avec une direction sage et éclairée, avec un zèle tout particulier pour les remettre dans la voie du Seigneur. Vous le savez, ces pieuses filles consacrées au Très-Saint Cœur de Jésus et vouées par vous-même à Marie, la Mère Immaculée, vous regardaient comme une déléguée de la Très-Sainte Vierge venue au milieu d'elles, il y a sept ans, et qui semblait avoir toujours été parmi elles.

Et sur moi aussi, sur moi qui apporte à votre mémoire ce faible tribut d'hommages, sur moi qui de votre noble cœur ai reçu tant de témoignages de votre pure et sainte dilection, sur moi aussi daignez répandre le puissant secours de vos prières à l'adorable Rédempteur Jésus-Christ et à Marie sa Mère Immaculée !...

Table

Dédicace

Taceat Mulier !

I	— Histoire de ce livre, entrepris en 1879...	11
II	— Le Torrent sublime....................	18
III	— En Paradis.........................	22
IV	— Louis-Philippe, le 19 septembre 1846....	28
V	— Dessein de l'Auteur. Miracle de l'indifférence universelle.................	32
VI	— Insuccès de Dieu. Faillite apparente de la Rédemption. Le plus douloureux soupir depuis le *Consummatum*..........	36
VII	— Refus universel de la Pénitence «...Vois, Mélanie, ce qu'ils ont fait de notre désert !... *Ridebo et Subsannabo.* ».....	40
VIII	— Le Sacré Cœur couronné d'épines. Marie est le Règne du Père................	45
IX	— Il vous est connu, o Ma Dame de Transfixion, que je ne sais comment m'y prendre.	50
X	— Napoléon III déclare la guerre a Mélanie.	54
XI	— Vie errante de la Bergère. Le Cardinal Perraud, successeur de Talleyrand, la dépouille......	59
XII	— Les prêtres et le Secret de Mélanie....	65
XIII	— Immense dignité de Marie...............	70
XIV	— Identité du Discours public et du Secret de Mélanie. La plainte d'Ève.........	74

XV —	Persécution de Mgr Fava. Désobéissance, infidélité criminelles des Missionnaires	79
XVI —	Dons prophétiques de Mélanie.........	85
XVII —	Dons prophétiques de Maximin.........	90
XVIII —	Les Evêques de Grenoble a Soissons....	99
XIX —	Sacerdoce profitable. Vanité des oeuvres en pleine désobéissance. Chatiments. Ténèbres........................	105
XX —	La femme courbée dix-huit ans, figure de la Salette. Marie parle, Jésus ne parlera donc plus ? — L'Immaculée Conception couronnée d'épines, *stigmatisée*. Lourdes et la Salette..........	111
XXI —	Profanation du Dimanche	118
XXII —	Affaire Caterini.....................	123
XXIII —	Sainteté de Mélanie. Apotres des Derniers Temps prophétisés par Elle et par le Vénérable Grignion de Montfort...	128
XXIV —	Objections. Calomnies. L'assomptionniste Drochon........................	136
XXV —	L'Hotellerie. Tactique double des Missionnaires ou Chapelains	141
XXVI —	La Salette et Louis XVII.............	147

APPENDICES

Pièce Justificative........................	155
L'Apparition et le Secret......... ....:	192
Oraison funèbre de Mélanie.................	230

ERRATA

Page 73, ligne 5 : au lieu de gouttelettes de rosées, lire gouttelettes de rosée.

Page 82, ligne 10 : au lieu de en 1901, lire *en 1902*.

Page 120, ligne 25 : au lieu de affeux, lire *affreux*.

Page 211, ligne 30 : au lieu de (Aug. Nicolas), lire (Amédée Nicolas).

Achevé d'imprimer
en la fête de Saint Maximin
le 29 Mai 1908
*par Henri Barbot et C*ie *, imprimeurs*
à Bolbec

www.ingramcontent.com/pod-product-compliance
Lightning Source LLC
Chambersburg PA
CBHW050325170426
43200CB00009BA/1468